ANGELO EMIDIO LUPO

AIKIDO MENTALE

Come Gestire le Emozioni, Difendersi dalle Persone Negative e Prendere Decisioni Potenzianti di Successo nel Lavoro e nella Vita di Coppia

Titolo

"AIKIDO MENTALE"

Autore

Angelo Emidio Lupo

Editore

Bruno Editore

Sito internet

http://www.brunoeditore.it

A mia moglie Rosa Maria, i miei figli Eva, Marietta e Cesare.
I loro sorrisi riempiono di gioia i miei giorni
e permeano di significato la mia vita.

Sommario

Introduzione

Perché due persone, di fronte allo stesso problema, reagiscono in maniera diversa? Perché uno si arrabbia, sbraita, urla, mentre l'altro mantiene la calma? Chi dei due ha la migliore riposta al problema? Cosa vogliamo di più dalla vita? Perché ogni giorno mettiamo in atto determinate azioni e ne scartiamo razionalmente ed emotivamente altre?

La decisione che prendiamo nel rispondere a un problema delinea la qualità della nostra vita. *Decidere è un grande potere* ma non sappiamo controllarlo, nessuno ci ha insegnato a farlo. Ci troviamo così a prendere decisioni su basi infondate: preconcetti, abitudini, attitudini fuorvianti. Questo grande potere lo buttiamo via per la nostra deleteria attitudine a credere in cose che non conosciamo veramente.

I politici, i media, le religioni, gli uomini di marketing, i collaboratori, gli amici, i familiari – chi in buona fede, chi in mala fede – tutti cercano di indurci a decidere secondo le loro esigenze. Quante volte, entrando in un ipermercato, ne usciamo con prodotti di cui non abbiamo bisogno, ma che abbiamo comprato soltanto perché siamo stati indotti a farlo per soddisfare bisogni creati dai pubblicitari? Quanti prodotti presenti nel carrello della spesa non sono realmente utili a soddisfare la nostra fame e la nostra sete? Quanti prodotti reclamizzati mettiamo nel nostro carrello pur sapendo che sono pieni di sostanze chimiche dannose per la nostra salute?

Pensiamo che a scegliere siamo comunque noi così come, quando andiamo a votare al seggio elettorale, pensiamo di eleggere i nostri rappresentanti. In verità non facciamo altro che "mettere una croce" sul candidato scelto per noi da un dirigente di partito che non è stato eletto da noi! Cadere in queste trappole è facile, perché fanno tutte leva sulle nostre emozioni.

Le emozioni sono più veloci del pensiero razionale e ci impongono una reazione istantanea. La nostra parte emotiva guida le decisioni che prendiamo giornalmente in stretta sinergia con quella razionale. Questo connubio crea e libera in noi energie immense: sarà poi nostro compito indirizzarle nella giusta direzione. Nella nostra esistenza quotidiana, queste energie immense possono tornarci utili, oppure limitarci.

L'Aikido Mentale interviene proprio nel momento in cui un'emozione monta. È un metodo che ti aiuta a controllare le emozioni che possono portarti a decisioni sbagliate procurando un senso di malessere psicologico. Tramite l'Aikido Mentale imparerai a rielaborare le emozioni indirizzandole nella direzione per te più potenziante, ti abituerai a *ottimizzare la circolazione emotiva*. Imparerai a equilibrare le emozioni, che siano penose o esaltanti, per raggiungere uno stato dinamico di benessere psicologico.

Grazie a questo metodo ho raggiunto risultati eccellenti nell'ambito lavorativo e personale; da anni aiuto le persone a gestire meglio i rapporti con i colleghi, i capi e i subalterni. Ho creato e sperimentato questo metodo soprattutto per me. Oggi, chi non mi ha conosciuto da piccolo, pensa che io sia una persona flemmatica; in realtà dai test psicologici risulto essere collerico.

Forgiare il mio carattere da adulto è stato il mio campo di sperimentazione. Quasi per scherzo ho iniziato a trasmetterlo ai colleghi – che mi chiedevano come facessi a essere così calmo di fronte a situazioni difficili – per aiutarli a superare periodi di stress e a reinquadrare la situazione su principi, e non su valori dettati da altri. Così ho pensato bene di condividere questo metodo con i partecipanti al corso in Aikido Mentale: www.aikidomentale.com.

Questo libro non è un saggio e non contiene consigli legati ad aspetti medici o psicologici, semplicemente è il sunto del percorso che ho intrapreso cercando di migliorarmi attraverso la lettura di migliaia di libri e soprattutto con la sperimentazione pratica su me stesso. Ti invito a muovere guerra a te stesso, a metterti in discussione e a cominciare a fare la differenza.

A fare la differenza sono la qualità del pensiero e le decisioni che prendiamo. Quanto vale saper gestire le emozioni, saper individuare i killer psicologici e disinnescarne la potenza di fuoco? Quanto è importante per te saper gestire gli scatti d'ira? O capire se stanno cercando di manipolarti? Leggi sul gruppo

Facebook www.facebook.com/groups/aikidomentale le opinioni di coloro che stanno applicando questo sistema. Nessun altro può dirti meglio di loro se il metodo funziona o no. Condividi con i membri del gruppo le tue opinioni, aiuta gli altri a crescere emotivamente. È un modo diverso di approcciare le situazioni, che nessuno ci ha mai insegnato e che richiede un minimo impegno.

Sul sito www.emidiolupo.it potrai inviarmi un tuo feedback, una tua storia personale o, semplicemente, chiedermi ulteriori delucidazioni.

Buona lettura.
Angelo Emidio Lupo

Capitolo 1:
Emozione e ragione: il connubio perfetto

Il nome Aikido Mentale fa riferimento alla famosa disciplina giapponese che, secondo il fondatore Morihei Ueshiba, consiste nella conquista della padronanza di sé, ossia nell'acquisire la capacità di controllare l'attacco di un avversario nel momento della sua insorgenza e sfruttare la sua forza per renderlo innocuo. La parola *aikido* è formata da tre ideogrammi: *ai* significa relazione, unione, rapporto con sé stessi e con gli altri; *ki* significa energia, vitalità; *do* significa via, metodo.

L'aikido permette di acquisire più sicurezza in sé stessi nel relazionarsi con gli altri, consente di superare le insicurezze e la paura di sbagliare. L'aikidoka non gareggia con l'avversario, ma instaura una continua lotta contro sé stesso per superare i propri limiti rappresentati dall'avversario. L'aikido è l'arte dell'autoperfezionamento e la vera vittoria è quella su sé stessi!

Non c'è forza nell'aikido, basta quella necessaria per passeggiare; rappresenta l'arte di vivere bene. Per vivere bene occorre capire e gestire le emozioni indipendentemente dal fatto che siano state attivate da fatti reali o mentali. Uno *stato emozionale* è l'unità emotiva più piccola e sfuggente, può durare pochi secondi o frazioni di secondo. Ma se gli stati emozionali durano così poco, perché condizionano così tanto la nostra vita? Perché lasciano spazio ad altri stati emotivi che sorgeranno in seguito e che, come vedremo, sono risposte emotive automatiche che possiamo cambiare.

Siamo in presenza di uno *stato d'animo* o *umore* quando una sensazione dura minuti e perfino giorni. Se la sensazione dura anni si parla di *tratto emozionale*. Per motivi fisiologici, non è possibile controllare un'emozione quando insorge. L'amigdala, in casi di pericolo, può effettuare un vero e proprio sequestro emozionale.

SEGRETO n. 1: non sappiamo *quando* un'emozione ci travolgerà né tantomeno *quale* emozione ci travolgerà; quello che possiamo fare è controllare la *durata* di tale emozione.

Come un aikidoka, devi capire quale emozione ti ha travolto, la sua intensità e la sua durata. Già questa consapevolezza ti fa capire che puoi controllarla.

Un'antica leggenda giapponese narra di un samurai che chiese a un maestro Zen di spiegargli i concetti di paradiso e inferno. Il monaco rispose con disprezzo: «Sei rozzo e villano e non perdo tempo con gente come te!» Sentendosi ferito nell'onore, il samurai si infuriò, sguainò la spada e urlò: «Potrei ucciderti per la tua impertinenza». «Ecco», rispose con calma il monaco «questo è l'inferno». Il samurai riconobbe che il maestro diceva la verità sulla collera che lo aveva travolto, perciò si inchinò ringraziando il monaco per la lezione ricevuta. «Ecco», disse allora il maestro Zen «questo è il paradiso».

L'improvvisa consapevolezza del samurai sul proprio stato di agitazione emotiva mostra quanto sia importante *capire la differenza tra l'essere schiavi di un'emozione e il divenire consapevoli del fatto che ci sta travolgendo.* Trascinati dal vortice emotivo, crediamo che le nostre emozioni siano ovvie, assolute e indiscutibili, ma se ci pensiamo su un attimo, e ci poniamo al centro del vortice emotivo, possiamo arginarne la forza e addirittura indirizzarla in una direzione per noi potenziante.

Quante volte sei stato travolto da emozioni che ti hanno portato ad agire in un determinato modo e, solo dopo molto tempo, hai capito di aver commesso un errore? Con l'Aikido Mentale imparerai a riflettere sull'emozione nello stesso momento in cui monta. Imparerai a prendere consapevolezza dei tuoi stati interiori pochi secondi dopo che hanno preso vita. Ma perché solo dopo pochi secondi e non immediatamente, o addirittura prima che montino? Per rispondere a questa domanda dobbiamo capire quali sono le basi anatomiche che sottendono alle emozioni.

Le basi anatomiche delle emozioni si possono trovare nelle strutture più primitive interne al sistema limbico: qui giungono gli input ambientali prima ancora di giungere alla neocorteccia (il cervello pensante). A scoprire il ruolo fondamentale dell'amigdala nel cervello emozionale è stato Joseph LeDoux, neuroscienziato e professore alla New York University. Le sue ricerche lo hanno portato a concludere che *l'amigdala riesce a controllare le nostre azioni quando il nostro cervello pensante deve ancora prendere una decisione.* Le percezioni sensoriali, come udito e vista, arrivano prima al talamo, che invia un primo segnale all'amigdala attraverso un circuito monosinaptico, cioè costituito da un unico collegamento tra neuroni, e un secondo segnale alla neocorteccia.

La risposta dell'amigdala all'input sensoriale avviene quindi prima, sia perché il segnale arriva fisicamente prima, sia perché l'amigdala sembra possedere la capacità di apprendere e memorizzare gli schemi di risposta comportamentale agli stimoli e, nel tempo, di assemblarli e riorganizzarli collegando esperienze analoghe che si riferiscono a una stessa attivazione emotiva.

L'amigdala, infatti, mette in collegamento lo stimolo ricevuto con una precedente esperienza di cui mantiene il ricordo. Questo collegamento avviene in maniera semplice, tramite comparazione per analogia, prendendo in considerazione soltanto un numero limitato di dati derivanti dall'esperienza vissuta e individuando somiglianze approssimative e incomplete.

Ciò significa che l'amigdala ha l'obiettivo di fornire risposte comportamentali immediate e tempestive. Inoltre, i ricordi da cui trae le comparazioni sono costituiti sia da esperienze apprese, sia da esperienze geneticamente codificate, che risalgono ai tempi in cui l'uomo affrontava quotidianamente pericoli che oggi definiremmo "estremi", come difendersi da animali selvaggi. Per questo motivo le risposte derivanti dall'amigdala le definiamo "di istinto". Sono reazioni di allarme che condividiamo con gli animali, come la fuga, l'attacco, la paura ecc.

La neocorteccia, al contrario, ha il tempo di analizzare lo stimolo e categorizzarlo per fornire poi una risposta razionale e più raffinata. Quindi, di fronte a un evento estremo, prima agiamo d'istinto e, in un secondo momento, razionalizziamo il fatto e lo inquadriamo in categorie ben definite. Ad esempio, se di notte, mentre dormiamo, sentiamo un rumore incessante di acqua che scroscia, immediatamente ci alziamo e corriamo verso la porta di casa per uscire e metterci al sicuro. Questa è la prima reazione; solo in seguito percepiamo l'entità del danno o, se vogliamo, della fuoriuscita d'acqua, e valutiamo se è il caso di intervenire oppure di fuggire.

SEGRETO n. 2: l'amigdala agisce prima di avere una conferma; la neocorteccia, al contrario, agisce dopo aver avuto delle conferme.

Nell'esempio precedente, potrebbe essere successo che ci siamo addormentati con il televisore acceso e che il rumore che sentivamo provenisse da quello. Ma ce ne accorgiamo solo dopo essere saltati giù dal letto e aver corso verso l'uscita. Solo dopo esserci messi in salvo torniamo indietro e valutiamo attentamente la situazione.

Il cervello crea una rete di circuiti neuronali che partecipano ai processi degli stati di attivazione emotiva; questi processi sono diversi da persona a persona e subiscono l'influenza delle esperienze vissute in precedenza e degli aspetti fisiologici propri dell'individuo. Ognuno di noi, quindi, nasce con un determinato *temperamento emotivo*. Vi sono persone che tendono a essere controllate e calme, e che non si lasciano sopraffare dalle emozioni forti, e altre che, invece, vengono letteralmente travolte dall'onda emotiva.

Noi però siamo qualcosa che va oltre le nostre esperienze dirette e la nostra costituzione fisica e abbiamo la capacità e la possibilità di modificare questi percorsi del sistema nervoso. Anche se questi percorsi sono influenzati da tantissime variabili e ogni persona reagisce in modo diverso, vi sono comunque alcuni elementi base, comuni a tutti gli individui, che ci permettono di scomporre e categorizzare la dinamica che regola le emozioni.

Come in una ricetta, questi sono gli ingredienti base, poi sta al cuoco metterli insieme per deliziarci con un piatto speciale.

Intensità

L'intensità emotiva si misura in base alla sua *ampiezza* e alla sua *durata* e dipende soprattutto dall'importanza che la persona assegna alla situazione e dalla necessità che può soddisfare in quel determinato momento. Se gli accadimenti sono importanti per i nostri obiettivi, la durata della risposta emotiva sarà maggiore rispetto a quella data in una situazione che non è determinante per il raggiungimento degli stessi.

Pensa all'ultima volta in cui hai parlato con un tuo carissimo amico e pensa al tuo ultimo colloquio di lavoro. Hai provato la stessa intensità emotiva? Ora pensa a qualcosa che ti fa paura: potrebbe essere camminare in una via buia alle undici di sera, oppure attraversare una strada e dirigersi verso il marciapiede opposto dove circola un cane sciolto. Riesci a percepirne l'intensità?

A livello cognitivo, la regolazione delle emozioni avviene attraverso una serie di complessi e intricati processi di valutazione dell'evento che possono, di volta in volta, portare la persona ad avvicinarsi o ad allontanarsi da una determinata circostanza. Questi sistemi di valutazione continua rispondono agli stimoli con diversi gradi di intensità, attivando un determinato numero di neuroni: più alta è l'intensità dell'emozione, più trasmettitori vengono attivati.

Ogni giorno siamo stimolati dall'ambiente circostante e viviamo diversi livelli di intensità che possono essere causati sia da fattori costituzionali, sia dall'influenza delle esperienze già vissute. Ad esempio, chi ha un temperamento timido, di fronte a un'esperienza insolita, che non rientra nella sua sfera di sicurezza, con molta probabilità reagirà con grande intensità a stimoli per lui nuovi, favorendo azioni di ritiro e di allontanamento e tralasciando completamente quelle di avvicinamento e coinvolgimento nella situazione.

Sensibilità

Le pellicole fotografiche si vendono in base alla sensibilità alla luce. La misura con la quale si calcola la sensibilità della pellicola si chiama ISO e/o ASA: più è alto il valore, più la pellicola è sensibile e permette di scattare foto con soggetti in movimento o in assenza di luce. Se utilizziamo una pellicola ISO/ASA 100 di notte e con poca luce, la foto verrà nera (in gergo si dice che la pellicola non si impressiona).

Allo stesso modo, ogni individuo possiede gradi diversi di sensibilità; vi sono individui che sottoposti a stimoli e sensazioni non "si impressionano", ovvero non inducono l'attivazione dei sistemi di valutazione. La sensibilità ha origine da fattori costituzionali, da esperienze vissute e, nello stesso tempo, dallo stato mentale di un dato momento. Ad esempio, molte persone hanno paura dei cani perché da piccole sono state morse (esperienze vissute), altre invece potrebbero essere condizionate da eventi specifici.

Specificità

I sistemi di valutazione impongono una categorizzazione e una contestualizzazione dell'esperienza e possono anche definire quali regioni del cervello debbano essere attivate. La specificità è data dalle modalità con cui i sistemi di valutazione stabiliscono il significato delle percezioni. Per esempio, se stiamo dormendo e sentiamo il rumore della porta di casa che si apre, è probabile che saltiamo dal letto, il cuore batte a mille, i muscoli si irrigidiscono e tutto l'organismo è pronto all'azione (fuga o combattimento). Ma se aspettavamo un familiare, il rumore della porta di casa che si apre ci provoca piacere e non più paura.

La specificità determina il significato degli stessi processi emozionali essendo a sua volta influenzata dall'interpretazione dello stimolo. Il significato cambia se viene valutato come rilevante o meno per il raggiungimento di obiettivi. Ad esempio, per una squadra di calcio un pareggio fuori casa potrebbe essere un buon risultato, ma potrebbe anche essere disastroso se per salvarsi occorreva vincere e conquistare tre punti. La specificità di un'esperienza emotiva fa sì che di fronte allo stesso stimolo due persone possano reagire in maniera completamente diversa; la specificità delle nostre risposte emozionali crea significati personali unici.

Finestre di tolleranza
La finestra di tolleranza è la cornice all'interno della quale le emozioni, di diversa intensità, non procurano danni al sistema. Ciascuno possiede finestre di tolleranza diverse da quelle degli altri. Vi sono alcuni che riescono a gestire con poca o alcuna difficoltà elevati livelli di intensità emotiva, conservando la capacità di pensare, agire e sentire in maniera misurata ed efficace. Altri invece non riescono a mantenere la calma neanche di fronte a emozioni di livello moderato.

L'ampiezza della finestra varia nel tempo, in base allo stato mentale e alla sua specificità. I margini della finestra di tolleranza sono determinati dal temperamento di una persona, dalle esperienze pregresse e dalle condizioni fisiologiche del momento. Ad esempio, se abbiamo fame, non trovare nulla in frigorifero ci rende più irritabili rispetto a tante altre volte in cui il frigo era altrettanto vuoto ma non avevamo fame. E ancora, le persone timide reagiscono in modo diverso da quelle estroverse di fronte a una situazione per loro nuova e intensa di emozioni e tendono a chiudersi, mentre gli spavaldi la affrontano con piacere.

Processi di ritorno entro i margini di tolleranza

Quando l'intensità di uno stato emotivo supera i limiti della finestra di tolleranza, l'individuo ha spesso la sensazione di aver perso il controllo di pensieri e azioni. Quando superiamo i margini della finestra di tolleranza, congeliamo la nostra parte razionale, inibendola, mentre assumono un ruolo dominante le attività sensoriali più "elementari". Non ragioniamo più: "sentiamo" e agiamo in maniera impulsiva; in altre parole, l'amigdala effettua un vero e proprio sequestro emozionale ed entriamo in uno stato in cui prevalgono risposte riflesse a stimoli sensoriali primari.

Accesso alla coscienza

Solo una minima parte delle nostre attività mentali avviene a livello conscio. Emozioni, percezioni, ricordi sono tutti processi che avvengono per lo più al di fuori della coscienza. Non esiste una demarcazione netta tra parte conscia e parte inconscia, bensì il **se** è creato da processi inconsci e dalla selettiva associazione di questi processi nella coscienza. Noi siamo molto di più dei nostri processi consci. Grazie alla coscienza, i processi che vengono collegati al suo interno possono essere manipolati e alterati intenzionalmente, allo scopo di produrre risposte migliori o potenzianti. La coscienza ci permette di modificare reazioni che altrimenti sarebbero automatiche e riflesse, consentendoci la scelta di risposte alternative.

La coscienza è collegata alla memoria di lavoro. Gli scienziati la descrivono come una sorta di memoria virtuale che ci permette di tenere a mente e di riflettere simultaneamente su una serie di dati essenziali per completare un certo compito. Riflettere sulle proprie azioni inconsce è una facoltà prettamente umana non presente negli animali. Abbiamo il potere di riflettere su noi stessi e rielaborare le informazioni effettuando delle vere e proprie "scelte cognitive", che non sono date da riflessi automatici e inconsci.

La coscienza permette processi di autoriflessione che richiamano pensieri e comportamenti volti a facilitare il raggiungimento di particolari obiettivi. Ad esempio, se siamo consapevoli di essere tristi perché siamo soli, possiamo decidere di invitare degli amici a casa, o di uscire; al contrario, se non siamo coscienti della nostra tristezza è facile che continuiamo a non contattare nessuno e a restare soli.

SEGRETO n. 3: grazie alla coscienza siamo in grado di modulare i flussi di energia all'interno del cervello, arrivando a formulare una risposta adattiva che va ben oltre la semplice reazione automatica.

La coscienza ci permette di muoverci nel tempo potendo riflettere sul passato e sul futuro, e quindi di andare oltre i limiti di quelle che sono le nostre esperienze nell'attimo in cui le viviamo. Per raggiungere un obiettivo specifico abbiamo bisogno di essere consapevoli delle nostre emozioni, così da poter elaborare delle risposte specifiche più adeguate e performanti: tutto ciò sarebbe impossibile senza la coscienza.

Emozione e ragione, cuore e mente, sentimento e pensiero, comunque vogliamo chiamarli, rappresentano per noi un connubio perfetto per prendere decisioni importanti. Le emozioni sono determinanti per prendere una saggia decisione. Ci illudiamo se pensiamo di essere soltanto degli uomini razionali. Il mondo sarebbe vuoto, triste e piatto e noi saremmo gelidi come il vulcaniano Spock della celebre serie televisiva *Star Trek*.

Non esiste un cervello emozionale che lavora indipendentemente da un cervello razionale; il cervello emozionale è coinvolto nel ragionamento al pari di quello razionale. Prendere delle decisioni come sposarsi, prendere i voti o quale lavoro fare sarebbe difficile in assenza di emozioni. In ogni momento della nostra vita, le emozioni guidano le nostre decisioni in collaborazione con la nostra parte razionale e pensante. I grandi manipolatori della storia fanno leva sulla nostra parte emozionale, sta a noi riportare, tramite la coscienza e l'autoconsapevolezza, tutto nel giusto ordine. Nel capitolo 6 imparerai a conoscere nel dettaglio il metodo Aikido Mentale e imparerai un modo efficace per difenderti dai manipolatori di professione.

RIEPILOGO DEL CAPITOLO 1:

- SEGRETO n. 1: non sappiamo *quando* un'emozione ci travolgerà né tantomeno *quale* emozione ci travolgerà; quello che possiamo fare è controllare la *durata* di tale emozione.

- SEGRETO n. 2: l'amigdala agisce prima di avere una conferma; la neocorteccia, al contrario, agisce dopo aver avuto delle conferme.

- SEGRETO n. 3: grazie alla coscienza siamo in grado di modulare i flussi di energia all'interno del cervello, arrivando a formulare una risposta adattiva che va ben oltre la semplice reazione automatica.

Capitolo 2:
La mappa delle emozioni

Le emozioni si tramandano di generazione in generazione come sistemi di risposta automatica agli eventi che accadono intorno a noi e rappresentano una risorsa fondamentale per la sopravvivenza del genere umano. Le emozioni sono importanti ma lo è anche il significato che poi attribuiamo loro. Ed è proprio questo significato che fa scaturire le azioni conseguenti.

Le emozioni determinano la qualità della nostra vita: spesso ci salvano ma ci procurano anche dei danni. A scuola impariamo molte cose, ma non studiamo le emozioni e questo è un grosso handicap che ci portiamo dietro tutta la vita. Le emozioni dovrebbero essere argomento sia di studio, sia di sviluppo, durante tutto l'arco della nostra vita.

Reagiamo a un'emozione sempre allo stesso modo perché nessuno ci ha insegnato che invece possiamo scegliere come reagire a un'emozione: più modi di riposta conosciamo più possiamo arricchire la nostra vita emotiva. Non possiamo controllare un'emozione – le più frequenti durano frazioni di secondo – ma possiamo intervenire sia su ciò che la innesca, sia sul modo di comportarci di fronte a essa. Lo studioso Silvan Solomon Tomkins diceva che le emozioni sono la nostra ragione di vita e sono ciò che motiva tutte le nostre scelte più importanti.

SEGRETO n. 4: le emozioni sono la nostra ragione di vita e sono ciò che motiva tutte le nostre scelte più importanti.

Lo studioso americano Paul Ekman, psicologo ed esperto in comunicazione non verbale, riprende le idee sviluppate da Darwin e conferma la sua ipotesi sull'universalità delle emozioni. Nei suoi studi ha riscontrato che, quando proviamo emozioni, le manifestiamo tramite il linguaggio del corpo, la voce e l'espressione del viso. Ciascuna emozione porta con sé dei segnali che le sono propri. Si tratta di un comune denominatore biologico che appartiene a ogni popolo della Terra, ecco perché alcune emozioni sono classificate come universali.

Le emozioni universali hanno alcune caratteristiche in comune:

- hanno una funzionalità precisa;
- durano al massimo pochi secondi;
- hanno intensità variabile;
- non le scegliamo;
- spesso non ne siamo consapevoli;
- influenzano gran parte dei comportamenti umani;
- sono riconoscibili dal linguaggio non verbale.

Ovviamente non sono le uniche, ve ne sono anche altre ricorrenti e importanti. Nel suo libro *Atlante delle emozioni umane*, Tiffany Watt Smith individua ben 156 emozioni. Le altre 150, dette anche emozioni secondarie, sono quelle che originano dalla combinazione delle emozioni universali e si sviluppano con la crescita dell'individuo e con l'interazione sociale.

Ce ne sono tante silenziose che nemmeno riusciamo a percepire, come ad esempio quella che ci fa comprare al supermercato un prodotto di una marca che conosciamo. Le emozioni primarie o di base hanno una loro specifica utilità, e sono:

1. *Rabbia*. È un'emozione indisciplinata, che scoppia in maniera

inattesa. È una reazione comune al dolore, originata dalla frustrazione che si può manifestare attraverso l'aggressività o il risentimento. Ha l'utilità di cambiare le cose.

2. *Paura.* È la più primitiva tra le emozioni umane, è dominata dall'istinto che ha come obiettivo la sopravvivenza del soggetto a una situazione pericolosa; viene considerata il salvavita primitivo. Molti manipolatori, aziende, uomini d'affari, pubblicitari, gruppi religiosi ecc. fanno leva sulla paura per proporci i loro prodotti e servizi. Ha l'utilità di proteggerci.

3. *Tristezza.* Si origina a seguito di una perdita o del mancato raggiungimento di uno scopo.

4. *Gioia.* Si innesca quando ci riteniamo soddisfatti delle nostre aspettative. Ha l'utilità di ricercare e festeggiare il piacere.

5. *Sorpresa.* Ha origine da un evento improvviso al quale siamo totalmente impreparati. La circostanza che genera lo stimolo fa scattare l'espressione all'istante. Se invece abbiamo il tempo di riflettere, non si ha sorpresa. Appena abbiamo il tempo di valutare l'evento passiamo dalla sorpresa a sentimenti come gioia, paura, imbarazzo, felicità, tristezza ecc. Ha l'utilità di farci preparare alla reazione più adeguata.

6. *Disgusto*. Risposta repulsiva a una situazione, come ad esempio la percezione di una sostanza nociva o scaduta, è caratterizzata da un'espressione facciale specifica. È da annoverarsi tra le emozioni fondamentali universali ma, nel corso del tempo, il concetto di disgusto è stato ampliato e applicato a ogni cosa che sembra fuori posto in un determinato contesto (comportamento improprio, vista di una brutta auto, ecc.). Ha l'utilità di rifiutare le cose soprattutto velenose o infettive, anche dal punto di vista morale.

Ognuna di queste emozioni attiva la risposta automatica più coerente rispetto alle circostanze che la vita ci offre, basata sulla nostra esperienza appresa e vissuta. Le emozioni sono di breve durata, parliamo di pochi secondi al massimo, ecco perché ci focalizziamo sull'azione che producono. Le emozioni sono le stesse, a essere diverse sono le risposte: ecco perché due persone reagiscono in maniera diversa di fronte allo stesso problema.

SEGRETO n. 5: ognuno di noi prova emozioni a modo suo, in modo raffinatamente soggettivo.

È questa soggettività che ci rende diversi e che colora ulteriormente le emozioni. Ogni persona ha dei valori, fissa delle priorità, ha delle necessità che la portano a una lettura individuale della realtà dalla quale consegue la relativa risposta emotiva. Sono tre i principali fattori che influenzano le nostre risposte emotive: al primo posto troviamo l'input, al secondo tutto ciò che si sviluppa intorno all'input e al terzo la nostra interpretazione.

Pensiamo ai tempi della scuola, a quando venivamo interrogati dal professore. L'input potrebbe essere un'obiezione del professore a una nostra affermazione. L'intensità dell'emozione sarebbe sicuramente diversa se l'interruzione fosse data dall'improvvisa mancanza di corrente in classe. Passiamo al secondo fattore: era un'interrogazione con voto determinante? I compagni di classe come hanno reagito? Che stato d'animo avevi? Arriviamo così al terzo fattore: l'interpretazione personale. Per te era più importante gestire l'obiezione del professore o sentire l'appoggio dei compagni? Hai reputato umiliante l'obiezione del professore o era qualcosa che non dovevi necessariamente conoscere?

Le regole emozionali le ereditiamo anche dalla nostra famiglia, che ce le trasmette più o meno in maniera diretta. Queste regole determinano il tratto familiare che la contraddistingue. In una famiglia un piatto rotto può rappresentare l'inizio dell'ennesima sgridata, oppure un momento di collaborazione (tutti raccolgono i cocci), o di affetto (tutti si preoccupano se qualcuno si fa male).

Nel mondo del lavoro una sgridata da parte del capo potrebbe essere vista come motivo per fare meglio o per gettare la spugna. In questi casi si parla di competenza emotiva: un bagaglio emotivo che abbiamo ereditato e arricchito, o impoverito, nel corso delle nostre esperienze.

Ritornando all'esempio dell'interrogazione, quando sei stato interrotto dal professore avresti potuto mantenere il punto (provare rabbia positiva) e argomentare le tue spiegazioni, oppure avresti potuto zittirti. Poniamo il caso che, in entrambi gli esempi, tu fossi sicuro della tua risposta: cosa induce a scegliere la prima o la seconda reazione? Qui entriamo in un campo complesso perché fattori come l'input, i fatti che si sviluppano intorno a esso, l'interpretazione personale e la competenza emotiva bastano per far venire il mal di testa. Le combinazioni sono tantissime e le reazioni a ognuna di esse rendono ancora più complesso il compito.

Potremmo scoprire, ad esempio, che hai mantenuto il punto perché eri sicuro della risposta e hai interpretato l'interruzione del professore come un ostacolo creato apposta; oppure che, se ti sei zittito, lo hai fatto non per mancanza di sicurezza nella risposta ma perché in famiglia l'ultima parola era di tuo padre e, di fronte ai superiori, rimetti inconsciamente in moto quella regola comportamentale.

SEGRETO n. 6: questa è la vera ricchezza umana: la capacità di personalizzare gli accadimenti, le sensazioni, le emozioni e le azioni che ne derivano sia mantenendo regole indotte, sia discostandosene in maniera più o meno conscia.

Pensiamo a due persone che si sposano e mettono su famiglia: ognuna di esse porterà con sé valori, opinioni e regole comportamentali. Molte coppie non riescono a superare le differenze e presto divorziano, altre approdano alle prime difficoltà quando devono educare i figli. Quante volte sentiamo genitori lamentarsi del proprio partner quando di mezzo c'è l'educazione e l'esempio da dare ai figli?

L'integrazione tra i bagagli emotivi che ogni genitore si porta dietro è un fattore fondamentale per il benessere emotivo della famiglia. Un genitore potrebbe aver vissuto in una famiglia dove la rabbia era repressa e non esisteva confronto, mentre l'altro in una famiglia che il confronto lo alimentava. Oppure in una famiglia non si doveva provare paura perché ritenuta da codardi, mentre nell'altra la paura era occasione di crescita e riflessione.

Ereditiamo una preferenza per alcune emozioni anziché altre che tendiamo a reprimere, ma è un errore, perché quando un'emozione nasce spontaneamente e viene repressa non dà luogo a una risposta coerente.

Reprimere un'emozione potrebbe causare due effetti:
1. l'energia dentro di noi non trova lo sfogo naturale e si riversa su altre emozioni ritenute più valide;
2. l'emozione repressa si accumula e cresce, nascosta in un

angolo del nostro io, finché viene sfogata altrove fuori modo e fuori misura.

Tutto ciò crea un circuito che porta al malessere sia psicologico sia fisico. Imparare a conoscere le proprie emozioni e a indirizzarle è importante per vivere una vita di benessere psicologico.

Molte volte a metterci nei guai non sono le emozioni che proviamo bensì le reazioni emotive che mettiamo in atto. Sono tre i casi in cui le reazioni emotive possono essere inadeguate:

1. *Intensità sbagliata*: sia l'emozione che proviamo, sia la reazione emotiva sono giuste, ma è sbagliata l'intensità; ad esempio potrebbe essere giusto preoccuparsi per un rimprovero del capo, ma se si esagera si finisce per passare dalla preoccupazione al terrore.

2. *Manifestazione errata dell'emozione*: in questo caso proviamo l'emozione giusta ma non la manifestiamo correttamente; nel caso del rimprovero del capo, proviamo rabbia, ma chiudersi nel mutismo è controproducente oltre che puerile.

3. *Proviamo l'emozione sbagliata*: questo è il caso più difficile

perché – sempre facendo l'esempio del rimprovero del capo – qui non si tratta di preoccuparsi eccessivamente o di mostrare rabbia in maniera errata; qui si parla del fatto che non avremmo proprio dovuto preoccuparci, o arrabbiarci, perché magari il capo è solito fare appunti allo scopo di alzare il livello della discussione.

I passi del metodo Aikido Mentale che troverai nel capitolo 6 tendono a regolarizzare queste tre aree per riportare la situazione al giusto contesto emotivo. È un'operazione tutt'altro che facile perché ognuno di noi ha una propria tendenza: c'è chi ha paura del vuoto e chi invece si esalta di fronte a esso; c'è chi è terrorizzato dalla velocità e chi ne trae invece eccitazione.

A determinare questa diversità di risposte vi sono vari fattori; oltre alle esperienze passate vi sono gli interessi (ciò che veramente conta per noi). Con il passare del tempo, riflettendo su quanto accaduto, si possono cambiare tutte e tre le aree viste in precedenza. Tale valutazione assegna un ruolo maggiore alla mente conscia e razionale, grazie alla quale possiamo anche apprendere a difenderci dalla possibilità di fraintendere gli eventi.

Anche ricordare episodi del passato fa insorgere le emozioni e il ricordo può innescarsi intenzionalmente o casualmente. Un altro metodo per scatenare emozioni è utilizzare l'immaginazione: grazie a essa possiamo intensificarle o raffreddarle, provare e riprovare la scena nella nostra mente finché non troviamo l'emozione che ci aggrada. Possiamo anche provare emozioni per empatia, ascoltando una storia o guardando un film o un documentario. Infine, a dirci quale emozione provare possono essere gli altri, i genitori, gli amici, gli uomini di marketing ecc.

Tutti questi sono stimoli che arrivano al nostro cervello che si attiva per dare la risposta emotiva migliore. Sempre Ekman, in collaborazione con Friesen, ha scoperto, dopo anni di studio, che le emozioni base sono riprodotte fisiologicamente in tutto il mondo.

In particolare ha studiato i movimenti del viso e ha catalogato quelle che ha poi chiamato *microespressioni*, ovvero espressioni del viso che appaiono in un venticinquesimo di secondo per poi svanire e che, solitamente, sono inconsapevoli. I due studiosi hanno ideato il sistema FACS (Facial Action Coding System), grazie al quale hanno catalogato circa 5.000 combinazioni di microespressioni facciali, cosa che li ha portati a collaborare con le forze di polizia, di spionaggio e di controspionaggio di diversi paesi.

Vediamo ora nel dettaglio cosa succede alla mimica facciale nel momento dell'insorgere delle emozioni di base, avvalendoci anche delle immagini dell'attore Tim Roth che, nella serie televisiva *Lie to Me*, impersona Cal Lightman, uno studioso esperto di comunicazione non verbale (la serie televisiva ha preso spunto dagli studi di Ekman).

Ovviamente, sul viso di una persona possiamo riconoscerne i tratti dell'emozione scatenante ma non sappiamo cosa ha fatto insorgere quella determinata emozione.

Mimica della rabbia
- le sopracciglia sono abbassate e ravvicinate;
- tra le sopracciglia compaiono rughe verticali;
- la palpebra inferiore è tesa e può essere abbassata dall'azione del sopracciglio;

- lo sguardo è fisso e gli occhi possono apparire sporgenti;

- le labbra possono assumere due posizioni base: fortemente serrate, con gli angoli diritti o abbassati, oppure aperte, tese, con un contorno squadrato come nel grido;

- le narici possono essere dilatate, ma questo non è un segno essenziale nella mimica e può presentarsi anche nella tristezza;

- c'è ambiguità se i segni della rabbia non compaiono in tutte e tre le aree.

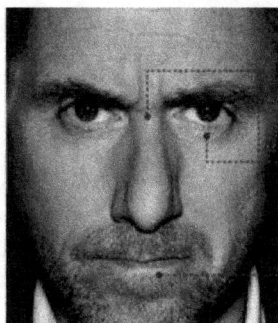

rabbia

sopracciglia
(1) abbassate e ravvicinate
(2) occhi sporgenti
(3) labbra serrate

Mimica della paura

- le sopracciglia sono sollevate e ravvicinate;

- le rughe della fronte sono al centro, non attraversano l'intera fronte come nella sorpresa;

- la palpebra superiore è sollevata, scoprendo la sclerotica, mentre quella inferiore è contratta e sollevata;
- la bocca è aperta e le labbra sono leggermente tese o stirate all'indietro.

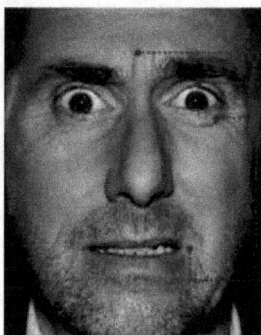

Mimica della tristezza

- gli angoli interni delle sopracciglia sono sollevati;
- le palpebre sono cadenti;
- perdita di *focus* sull'occhio;
- la pelle scoperta sotto il sopracciglio forma un triangolo con l'angolo interno in su;
- l'angolo interno delle palpebre superiori è sollevato;
- gli angoli della bocca sono piegati in giù o le labbra tremano.

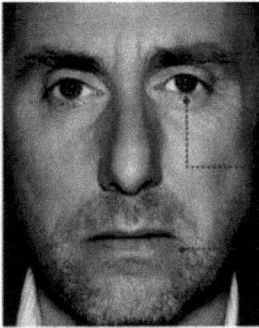

tristezza

① palpebre cadenti

② perdita del focus

③ angoli della bocca piegati in

Mimica della gioia

- gli angoli della bocca sono stirati all'indietro e sollevati;

- la bocca può essere chiusa o aperta, i denti coperti o scoperti;

- una ruga (la piega rino-labiale) scende dal naso fino oltre gli angoli della bocca;

- le guance sono sollevate;

- la palpebra inferiore presenta rughe sottostanti e può essere sollevata, ma non tesa;

- negli angoli esterni degli occhi compaiono "zampe di gallina".

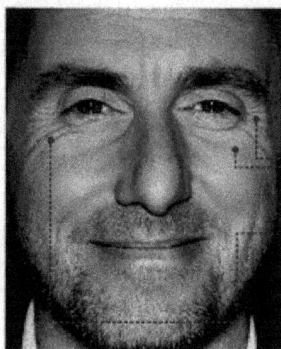

gioia
① zampe di gallina
② guance sollevate
③ rughe sottostanti la palpebra inferiore

Mimica della sorpresa

- le sopracciglia appaiono incurvate e rialzate;
- la pelle sotto il sopracciglio è stirata dal sollevamento ed è più visibile del solito;
- il sollevamento delle sopracciglia produce lunghe rughe orizzontali sulla fronte;
- le palpebre sono aperte e la sclerotica è visibile sopra l'iride e, spesso, anche sotto;
- la mascella si abbassa, cosicché labbra e denti si dischiudono;
- la bocca è aperta.

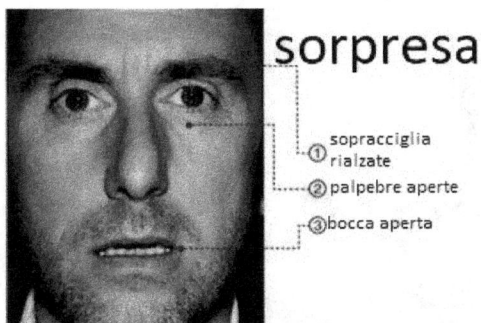

sorpresa

① sopracciglia rialzate
② palpebre aperte
③ bocca aperta

Mimica del disgusto

- il labbro superiore è sollevato;

- il labbro inferiore è sollevato e premuto contro il labbro superiore, oppure abbassato o lievemente protruso;

- il naso è arricciato e le guance sono sollevate;

- compaiono delle pieghe sotto la palpebra inferiore, che è sollevata ma non tesa;

- le sopracciglia sono abbassate e spingono in basso la palpebra superiore.

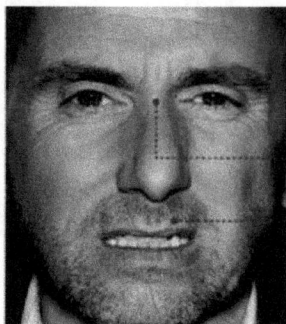

Le emozioni base non risolvono il problema della classificazione delle emozioni. Ancora oggi gli studiosi discutono su quali debbano essere le emozioni primarie e alcuni propongono il concetto di famiglie emozionali fondamentali così classificate:

- *Collera*: furia, sdegno, risentimento, ira, esasperazione, indignazione, irritazione, animosità, fastidio, irritabilità, ostilità.

- *Tristezza*: pena, dolore, cupezza, autocommiserazione, malinconia, solitudine, abbattimento, disperazione.

- *Paura*: ansia, timore, nervosismo, preoccupazione, apprensione, cautela, esitazione, tensione, spavento, terrore.

- *Gioia*: felicità, godimento, sollievo, contentezza, beatitudine, diletto, divertimento, fierezza, piacere sensuale, esaltazione, estasi, gratificazione, soddisfazione, euforia, capriccio.

- *Amore*: accettazione, benevolenza, fiducia, gentilezza, affinità, devozione, adorazione, infatuazione.
- *Sorpresa*: shock, stupore, meraviglia, trasecolamento.
- *Disgusto*: disprezzo, sdegno, aborrimento, avversione, ripugnanza, schifo.
- *Vergogna*: senso di colpa, imbarazzo, rammarico, rimorso, umiliazione, rimpianto, mortificazione.

Questa è solo una classificazione di base, infatti vi sono altre emozioni miste, come la gelosia, una variante della collera che tende sia alla tristezza che alla paura. E dove inserire emozioni come noia, pigrizia, fede e coraggio? Mentre il dibattito scientifico procede, nel gruppo Facebook parleremo di queste singole emozioni, approfondendole e commentando le espressioni facciali (www.facebook.com/groups/aikidomentale).

Paul Ekman si fermò a esplorare la fisiologia ma lasciò spazio per gli studi sul tono della voce. Scrisse: «Quasi tutti siamo convinti che il tono di voce possa rivelare che emozioni prova una persona... ancora non sappiamo se la voce differisce nelle varie emozioni spiacevoli (rabbia, paura, dolore, disgusto, disprezzo)».

Questa lacuna l'ha colmata Ciro Imparato, psicologo e doppiatore, ideatore del metodo Four Voice Colors, la versione vocale del FACS. Dopo che Ekman ha rivelato al mondo che la comunicazione delle emozioni può avere una sua grammatica e un suo codice di riferimento, Imparato ha codificato la grammatica vocale delle emozioni. Ha scoperto che esistono sei emozioni vocali prevalenti che corrispondono alle emozioni più frequenti che proviamo mentre dialoghiamo. Dopo aver scomposto le cinque variabili della voce – volume, tono, tempo, ritmo e sorriso – ha rilevato che le emozioni vocali prevalenti sono generate da una particolare combinazione di queste cinque variabili.

Di seguito la sua catalogazione:
- simpatia (voce gialla);
- empatia o calma, fiducia (voce verde);
- autorevolezza o sicurezza (voce blu);
- passione (voce rossa);
- rabbia (voce nera);
- apatia (voce grigia).

Questo metodo consente di interloquire con gli altri in maniera efficace e piacevole a patto che si rispettino alcuni accorgimenti fondamentali:

1. associare i contenuti alla voce (ad esempio esprimere con voce blu concetti che vogliamo esprimere con autorevolezza, mentre sarebbe un errore utilizzarla per esprimere cordoglio);
2. rispettare la corretta sequenza delle emozioni durante un discorso;
3. eliminare le due voci negative: rabbia e apatia.

La **voce gialla** si ottiene utilizzando un volume medio-alto, come se a sentire dovessero essere persone che si trovano a distanza di circa un metro. Al volume va associato il sorriso. Il tempo deve essere veloce, per comunicare agli altri un senso di energia e divertimento. Va usata ogni volta che incontriamo qualcuno, nella fase iniziale del colloquio, poi deve seguire la voce verde. È la voce tipica dei conduttori radiofonici.

La **voce verde** genera distensione e fiducia. È la voce che utilizziamo quando chiediamo veramente scusa. Il volume deve essere medio-basso, per comunicare la nostra volontà di dialogo, il tono basso, per dire che siamo tranquilli e il tempo lento, per indicare che non abbiamo fretta. La cosa più importante è fare delle pause esitanti, come se stessimo cercando le parole giuste. Va usata nelle circostanze in cui vogliamo raggiungere un accordo basato sulla condivisione di credenze e valori importanti. È la voce tipica dei diplomatici.

La **voce blu** esprime autorevolezza e non va usata all'inizio di un dialogo, ma dopo la voce gialla o quella verde, altrimenti gli altri ci percepiscono presuntuosi. Occorre utilizzare un volume medio-alto, il tono deve essere tendenzialmente basso e il tempo medio, non veloce. Le pause devono essere nette. È la voce tipica dei narratori dei documentari.

La **voce rossa** esprime emotività, coinvolgimento, passione, calore umano, fino ad arrivare all'entusiasmo. Coinvolge i nostri interlocutori, ma non dobbiamo iniziare un dialogo con questa voce, che deve essere il prosieguo della voce gialla, di quella verde o di quella blu. Il volume è alto per farsi sentire, il tono è medio-alto perché siamo appassionati all'argomento, il tempo è veloce perché c'è entusiasmo e il ritmo è incalzante. Genera entusiasmo, trascinamento, condivisione, coinvolgimento.

La **voce grigia** indica un appiattimento della conversazione. È caratterizzata dall'assenza di dinamica (capacità di generare variazioni di volume). Il tono è monocorde, le frasi hanno tutte la stessa intonazione e trasmette quasi distacco o stanchezza. Il tempo è lento e senza variazioni. Anche il ritmo è lineare e genera noia. È tipica degli apatici.

La **voce nera**, al contrario di quella grigia, è ricca di sfumature, è decisa e semplice. È la voce della rabbia ed è sempre spiacevole. Il volume è alto o altissimo. Il tono è medio-alto ma può anche essere basso o molto basso. Il tempo è veloce, ma può rallentare in caso di una voce sferzante. Le pause non ci sono perché vengono annullate dal flusso di negatività che genera questo tipo di voce.

Ho adottato questo metodo che mi ha dato tantissima soddisfazione, perciò ti invito a comprare i libri di Ciro Imparato, o a visitare il suo sito, perché oltre ai testi vi si possono trovare degli audio con esercizi pratici che spiegano bene le cinque variabili della voce.

Il metodo FACS e il metodo Four Voice Colors sono due strumenti potentissimi perché ci permettono di:

1. riconoscere negli altri le sei emozioni fondamentali;
2. imparare a comunicare con la fisiologia e la voce le corrette emozioni;
3. allineare fisiologia e voce per essere credibili e coerenti;
4. mettere in sequenza le emozioni per generare stati d'animo positivi.

Capire e applicare questi concetti può farti fare un salto di qualità che desterebbe stupore nelle persone che ti conoscono, che percepirebbero subito che qualcosa è cambiato in te, qualcosa di migliorativo, e presto ti chiederebbero come hai fatto. Tutti saranno più disposti ad ascoltarti e a dialogare con te. Non bisogna però cadere nella trappola di etichettare, categorizzare e basta. Come ci ricorda Ekman, possiamo leggere e catalogare l'emozione sul viso di una persona, ma non sappiamo con certezza cosa l'ha generata.

A chiudere il quadro degli studiosi delle emozioni è Richard J. Davidson, psicologo e neuroscienziato che, nel libro *La vita emotiva del cervello*, afferma che tutto ciò che ha a che fare con il comportamento, con i sentimenti e con i modi di pensare ha origine nel cervello. Grazie ai suoi studi pionieristici nel campo del *neuroimaging*, ha dimostrato che esiste un'attività biologica misurabile che ha luogo soprattutto nel sistema limbico e nella corteccia prefrontale. Questa sua intuizione ha portato una deduzione sbalorditiva: possiamo cambiare intenzionalmente il cervello attraverso la sola attività mentale!

SEGRETO n. 7: possiamo cambiare intenzionalmente il cervello attraverso la sola attività mentale.

Le sue ricerche su soggetti che praticano la meditazione hanno dimostrato che il training mentale riesce ad alterare i pattern cerebrali agendo sull'empatia, sul senso di benessere, sull'ottimismo e sulla compassione. Più in generale, ha dimostrato che le sedi del ragionamento di ordine superiore sono la porta di ingresso per cambiare i pattern dell'attività cerebrale. Il cervello possiede la capacità di cambiare la propria forma e il proprio funzionamento in modo significativo (neuroplasticità). I cambiamenti di cui parliamo possono avere luogo in risposta a esperienze che viviamo, ma possono anche essere indotti dai pensieri che creiamo e dalle intenzioni che sviluppiamo. Davidson parla di cambiamenti che avvengono nelle aree cerebrali intesi sia come rafforzamenti o indebolimenti delle connessioni tra diverse regioni del cervello, sia come espansione o contrazione di zone neurali dedicate a particolari compiti.

Una sua famosa ricerca, condotta a Harvard, ha mostrato un fenomeno curioso: *immaginare* ripetutamente di suonare un brano al pianoforte con la mano destra produce, nella corteccia motoria, cambiamenti simili, anche se di minore intensità, a quelli che vengono prodotti se il brano viene suonato davvero. Ne deduce che *una pura attività mentale può produrre effetti fisici osservabili nel nostro cervello*.

Afferma che ogni persona ha un suo particolare *stile emozionale*, ossia il modo che ognuno di noi ha di rispondere alle esperienze della vita. Ogni stile emozionale è governato da *circuiti cerebrali* specifici e identificabili, ed è osservabile utilizzando metodi di laboratorio oggettivi.

Lo stile emozionale è composto dalle seguenti sei dimensioni (sembra fatto apposta ma è solo un caso, il numero sei ritorna a riaffacciarsi: le sei emozioni base, le sei voci, i sei stili emozionali):

1. *Resilienza*: misura la velocità con la quale ci riprendiamo dagli stress emotivi; rappresenta la capacità di reagire davanti alle avversità.

2. *Prospettiva*: misura la capacità di mantenere nel tempo le emozioni positive.

3. *Intuito sociale*: misura la capacità di cogliere i segnali sociali inviati dalle persone attorno a noi (quanto capiamo degli altri al di là delle parole esplicite?).

4. *Autoconsapevolezza*: misura la capacità di percepire con chiarezza le sensazioni fisiche che riflettono le nostre emozioni.

5. *Sensibilità al contesto*: misura la capacità di modulare le reazioni emotive in base al contesto in cui ci troviamo.

6. *Attenzione*: misura l'intensità e la chiarezza con cui siamo capaci di restare concentrati.

Ogni dimensione rappresenta un *continuum* e ogni individuo si può trovare in qualsiasi punto di esso: più verso un'estremità anziché un'altra, o in una posizione intermedia. Lo stile emozionale complessivo è dato dalla combinazione delle posizioni in ciascuna delle sei dimensioni. Vi sono tantissimi modi di combinare le sei dimensioni, quindi ne consegue che esistono anche tantissimi stili emozionali. Lo stile emozionale è un tratto tipico di ogni individuo e si potrebbe dire che ognuno possiede uno stile emozionale unico.

Davidson non parla di stile, o di dimensione, ideale, migliore o peggiore, pone piuttosto l'accento sul fatto che le persone differiscono ampiamente nell'attività prefrontale e che l'esistenza di differenze individuali costituisce la caratteristica più saliente delle emozioni. Una società ha bisogno di persone con stili emozionali diversi: ha bisogno di individui che amano stare da soli e si trovano a loro agio in un laboratorio posto nel seminterrato di un ospedale e, allo stesso tempo, ha bisogno di un medico capace di dialogare con i pazienti e i loro familiari.

Davidson pone l'accento sulla nostra capacità di modificare le posizioni circa le dimensioni degli stili emotivi. Un bel messaggio che dà è di cambiare solo se il nostro stile interferisce con la vita quotidiana, solo se ci impedisce di essere felici e di raggiungere i nostri scopi. Non dobbiamo cambiarlo per interesse altrui, né tantomeno dobbiamo permettere a chicchessia di dirci che dobbiamo migliorare il nostro intuito sociale, o la prospettiva, o diminuire la nostra autoconsapevolezza.

Il metodo Aikido Mentale ha proprio lo scopo di metterti in condizione di cambiare solo se lo ritieni necessario e di insegnarti a difenderti da tutti coloro che invece vogliono cambiarti per i loro interessi personali o di gruppo.

RIEPILOGO DEL CAPITOLO 2:

- SEGRETO n. 4: le emozioni sono la nostra ragione di vita e sono ciò che motiva tutte le nostre scelte più importanti.
- SEGRETO n. 5: ognuno di noi prova emozioni a modo suo, in modo raffinatamente soggettivo.
- SEGRETO n. 6: questa è la vera ricchezza umana: la capacità di personalizzare gli accadimenti, le sensazioni, le emozioni e le azioni che ne derivano sia mantenendo regole indotte, sia discostandosene in maniera più o meno conscia.
- SEGRETO n. 7: possiamo cambiare intenzionalmente il cervello attraverso la sola attività mentale.

Capitolo 3:
La scarsa qualità del pensiero umano

Il pensiero umano è qualcosa di meraviglioso! È uno strumento potente che ci consente di migliorare la qualità della vita, della nostra e di quella dei nostri simili. Allo stesso tempo è uno strumento che, se utilizzato per manipolare gli altri, può diventare pericoloso, creare e sviluppare credenze limitanti, tenere in scacco miliardi di persone pronte a seguire un'idea, un idolo, un marchio.

In ogni parte del mondo a fare la differenza è la qualità del pensiero. Oggi purtroppo assistiamo a conflitti, guerre, incomprensioni e la causa di tutto ciò è la scarsa qualità del pensiero! La strada che dobbiamo intraprendere è quella del potenziamento del pensiero, del verificare prima di giudicare, dell'approfondire gli argomenti di forte impatto nella nostra vita invece di agire su informazioni superficiali o indotte.

Oggi assistiamo a conflitti che durano anni, che vedono

contrapposti popoli intelligenti, religioni radicate. Da anni questi popoli non riescono a risolvere problemi che tuttavia vanno affrontati e definiti: non c'è via di scampo! Tutti sanno che questi problemi devono essere risolti, malgrado ciò continuano a difendere la propria posizione, non mettono in campo quelle azioni che aprirebbero un varco, una via di comunicazione vera, un percorso che porterebbe alla definitiva soluzione del problema. Ciò accade perché vi è povertà di pensiero!

Ogni stato, religione, azienda multinazionale, associazione porta con sé dei valori che replica e trasmette al proprio popolo. Questi valori hanno un grande impatto sul futuro delle persone, portano gioia o devastazione, ricchezza o povertà: la differenza sta nella qualità del pensiero.

Il pensiero è il padre dell'azione, ogni azione che svolgiamo porta con sé una conseguenza. Prima di agire, quindi, è fondamentale attivare il filtro della qualità del pensiero. L'Aikido Mentale è un metodo che si prefigge l'obiettivo di migliorare la qualità del pensiero aiutandoci anche a difenderci dagli attacchi di coloro che, invece, vogliono indurci ad agire in base alle loro soddisfazioni personali o di gruppo. Può piacere o no ma se puntiamo una pistola alla tempia e spariamo il colpo, non possiamo più tornare indietro, anche se in quella frazione di secondo in cui abbiamo premuto il grilletto abbiamo fatto anche in tempo a pentirci.

Anche quando costruiamo intere città e poi un terremoto o un uragano le spazza via, assistiamo inermi alla forza della natura che ci sovrasta. Sono leggi naturali e non possiamo farci nulla! La cosa che possiamo fare è vivere in base a queste leggi e rispettarle, sviluppare un pensiero atto a salvaguardare la natura. Violare queste leggi naturali potrebbe portare l'essere umano all'autodistruzione (pensiamo alla bomba atomica, alle armi di distruzione di massa, alle armi chimiche ecc.). L'uomo ha l'autoconsapevolezza e quindi è in grado di scegliere, ha un dominio sugli altri animali.

Noi possiamo scegliere di vivere in base ai principi naturali, possiamo decidere di risolvere il problema dell'inquinamento dell'aria, delle acque, dei mari, del territorio, oppure possiamo continuare a inquinare il pianeta seguendo valori debitamente creati per soddisfare le esigenze di una piccola élite di persone. Arriverà però il giorno in cui la natura ci presenterà il conto e dovremo pagarlo. Se non noi, la nostra stirpe.

I valori, a differenza dei principi, sono personali, influenzati dalle emozioni umane e, soprattutto, sono discutibili, cambiano nel corso degli anni, si evolvono e si intersecano grazie a flussi migratori di pensiero. Noi stessi, nel corso della vita, cambiamo i nostri valori. Al contrario, i principi sono immutabili, non sono influenzabili e non dipendono dalle azioni umane. Otteniamo una qualità elevata di pensiero quando cerchiamo di risolvere i problemi mettendo al centro della soluzione i principi naturali e non i valori. In altre parole, *il nostro comportamento è dettato dai valori che facciamo nostri, mentre le conseguenze dai principi naturali.* Anche i criminali hanno dei valori, che però non si basano sui principi naturali.

SEGRETO n. 8: senza il pensiero i valori sono molto pericolosi e possono trasformarsi in armi letali per il genere umano.

In passato i valori hanno causato devastazioni, guerre, miseria, lutti, atrocità, razzismo. Ancora oggi assistiamo a scontri di valori che, rispetto al passato, vengono propagati alla velocità di un click, che da bit digitali si trasformano in bombe psicologiche pronte ad esplodere o a diventare un ulteriore strumento da condividere sulla bacheca dei nostri amici. Spesso non siamo consapevoli di propagare un messaggio falso o che contiene valori difformi dai nostri e dai principi naturali.

La velocità e la facilità di esecuzione, assieme allo scarso approfondimento di una notizia, ci sviano, ci portano a conclusioni affrettate e fuorvianti. Ma nell'era digitale, che trasforma tanti gattini in leoni, tutto è permesso, anzi, guai a non ricercare un minuto di notorietà; poco importa se ciò che trasmettiamo è vero o falso o se abbiamo o no riflettuto sul problema.

I valori senza il pensiero sono molto pericolosi! Possono vivere di vita propria, autoalimentarsi, determinare guerre. Eppure il pensiero senza valori ha poco significato, resterebbe ristretto in uno spazio senza emozioni, perderebbe il suo significato principale, che è quello di trasmettere i nostri valori per trarne piacere. È incredibile constatare che, purtroppo, le guerre ci sono state in passato e continuano a esserci oggi; è incredibile constatare che da millenni non diamo importanza alla qualità del pensiero!

Il pensiero non è affatto astratto come ci è stato insegnato, la logica non abbraccia tutta la gamma del pensiero, ma ne è una parte. Una parte che, peraltro, non riesce a modificare le emozioni che proviamo e quindi non riesce a influenzare il nostro comportamento e le azioni che ne conseguono.

SEGRETO n. 9: i pubblicitari più bravi hanno capito che non possono farci cambiare idea utilizzando la logica, bensì facendo leva sulle nostre percezioni, perché attivano il nostro sistema emotivo.

Nessuno ci ha mai insegnato a gestire il nostro sistema emotivo e quasi tutte le emozioni sono automatiche e indotte, apprese in gioventù e assunte come immutabili. Ma è falso, perché noi possiamo intervenire tra lo stimolo (percezione) e la risposta che diamo (comportamento). Il comportamento, quindi, è una conseguenza del nostro stato emotivo e non della logica del pensiero.

Quante volte ti sarà capitato di compiere un'azione deplorevole, che sapevi di non dover compiere, ma lo hai fatto perché, spinto dalle emozioni, non hai resistito all'impulso? Quante volte hai ceduto alla vista (percezione) di un dolce guarnito di panna e, anche se sapevi di non poterlo mangiare (logica), sei entrato in pasticceria per acquistarlo? Cosa ti ha spinto all'azione? La logica o la sensazione di procurarti un piacere immediato?

Con questo non voglio dire che gli Stati o le religioni non abbiano dato il giusto peso al pensiero, ma hanno posto l'accento su un solo tipo di pensiero: il loro. Poi lo hanno propagandato con gli artifici della logica e dell'argomentazione (pensiero astratto). Se pensiamo alle religioni, capiamo subito che ci sottraggono le percezioni: dobbiamo avere fede e basta, non possiamo riflettere su eventuali possibilità, ipotesi o alternative. La chiesa ha osteggiato personaggi, come Galileo Galilei, perché apportavano novità di pensiero, punti di vista divergenti, nuove verità! Al contrario, le religioni orientali danno più spazio al pensiero percettivo, al modo di vedere le cose. La percezione è una parte importante del pensiero, ecco il motivo per cui ci viene volutamente sottratta dalle dottrine o indotta dalla pubblicità.

SEGRETO n. 10: se sbagliamo la percezione iniziale, anche le scelte che ne derivano saranno errate: i ragionamenti e le argomentazioni a supporto della scelta saranno fallaci perché il problema sta a monte, perciò dobbiamo riappropriarci delle nostre percezioni.

La storia di un imprenditore di calzature fa proprio al caso nostro. La sua fabbrica produceva un numero considerevole di scarpe, soddisfacendo il fabbisogno del territorio in cui operava. Era una persona ambiziosa, con grandi mire, perciò decise di ampliare il suo mercato in altri Stati. Decise di inviare i suoi due figli in Africa, per sondare il terreno e vagliare le opportunità di business. In magazzino c'erano, pronte per essere spedite, 10.000 paia di calzature, in attesa dell'approvazione dei ragazzi.

Finalmente arrivò il giorno in cui i due ragazzi arrivarono in

Africa. Appena scesi dall'aereo, si resero immediatamente conto della situazione e si affrettarono a telefonare alla propria azienda. Il primo disse: «Fermi, non mandate quelle 10.000 paia di scarpe! Qui camminano tutti scalzi!» Il secondo invece disse: «Forza! Raddoppiate il numero di paia di scarpe da mandare! Qui camminano tutti scalzi!»

SEGRETO n. 11: un metodo per potenziare le nostre percezioni consiste nell'utilizzare l'attenzione selettiva in modo da non percepire soltanto le situazioni a noi familiari.

Siamo bravi a riconoscere un animale o un'auto, ma quando parliamo di situazioni complesse, di persone, facciamo fatica, perché siamo imprevedibili. Una persona che reputiamo buona non sappiamo come reagirà se la mandiamo a quel paese. Coloro che imparano a leggere le situazioni sono più avvantaggiati di coloro che invece le subiscono. Per fare ciò, occorre allenarsi a cercare nuove possibilità.

Facciamo un esempio. Sempre più nazioni si stanno dotando di armi nucleari, mentre nel mondo tanti bambini muoiono di fame e di dissenteria: perché, anche se tutti sappiamo che occorre fare qualcosa, non facciamo nulla? Da un lato spendiamo miliardi in armi nucleari, dall'altro non abbiamo la capacità di fronteggiare una malattia che, per vincerla, basterebbe solo osservare delle semplici norme igieniche. La risposta è: *distorsione dell'attenzione*.

In questo caso, anziché utilizzare l'attenzione per approfondire le informazioni e inserirle nel giusto contesto, la utilizziamo per negare la minaccia (quella nucleare) e abbassare il livello di ansia che proveremmo nel caso in cui capissimo veramente che un giorno un pazzo, al comando di un paese che possiede armi nucleari, potrebbe portarci all'oblio.

Anche i giornali e le TV non fanno altro che distorcere la nostra attenzione parlando di cose futili o enfatizzando notizie di cronaca nera che tanto piacciono alla massa. Potremmo dire che *costruiamo giornalmente il nostro autoinganno*, che non abbiamo la piena consapevolezza delle cose, perché non capiamo a fondo che i nostri atteggiamenti quotidiani possono cambiare il mondo.

Quante persone oggi viaggiano su dei SUV, anche se consumano più carburante e inquinano l'ambiente? Quanti invece tengono accesi i riscaldamenti anche sopra i 20 gradi? Mi diverto a guardare le testate giornalistiche che mandano i propri inviati a porre domande alle persone per strada. Fatte le interviste, il servizio va montato per essere mandato in onda: qui interviene la mano dell'uomo che decide quali interviste mandare in onda e quali no.

Qualche anno fa, su una testata giornalistica televisiva gli intervistati erano a favore di un'opinione, mentre su un'altra, persone sottoposte alla stessa domanda sostenevano la tesi opposta. Quale delle due testate aveva mandato in onda le interviste in maniera corretta? Nessuna. Non che avessero modificato le interviste, ma avevano scelto quelle che più gradivano sentire i loro ascoltatori. Questa censura è evidente, ma cogliere questa manipolazione nella nostra consapevolezza non è facile. L'esempio delle interviste evidenzia il fatto che ciò che è colto dalla nostra attenzione rimane nell'ambito della consapevolezza, mentre tutto ciò che ne rimane fuori scompare.

SEGRETO n. 12: ciò che è colto dalla nostra attenzione rimane nell'ambito della consapevolezza, mentre tutto ciò che ne rimane fuori scompare.

Quando percorriamo l'autostrada, sappiamo che è a senso unico, che ci si può immettere solo attraverso apposite corsie e che non si può uscire se non attraversando un casello. I perimetri dell'autostrada costituiscono un incanalamento visivo che fa focalizzare il nostro sguardo fondamentalmente sulla strada e sulle vetture che ci precedono e ci seguono, escludendo tutto il resto. L'attenzione è come un'autostrada che racchiude l'esperienza: definisce ciò che notiamo, ma raramente *notiamo come notiamo*, cioè raramente riflettiamo sull'origine della percezione.

Diversamente, se guidiamo su una strada statale con vista panoramica sul mare, la nostra attenzione è attratta dalla bellezza del panorama e facciamo fatica a guardare la strada. Così come una strada panoramica ci distoglie dal guardare la strada e metterci in sicurezza, l'attenzione distorta altera l'esperienza e limita l'azione.

La percezione è la selezione delle informazioni che raccogliamo dai cinque sensi. Questo processo è di per sé vantaggioso perché semplifica la nostra vita e le nostre scelte. Il neurologo Monte Buchsbaum afferma che gestire l'enorme sovraccarico di informazioni che arrivano al cervello è forse una delle funzioni principali della corteccia cerebrale. Le informazioni che, filtrate dal cervello, passano nella consapevolezza determinano una diversa coscienza.

Nella sua semplicità, il metodo Aikido Mentale riporta l'attenzione alla fonte della percezione, ci fa porre domande circa la sua esattezza e ci permette di correlarla con le deduzioni. Anche le deduzioni più corrette sono sbagliate se partiamo da un assunto infondato o manipolato.

RIEPILOGO DEL CAPITOLO 3:

- SEGRETO n. 8: senza il pensiero i valori sono molto pericolosi e possono trasformarsi in armi letali per il genere umano.
- SEGRETO n. 9: i pubblicitari più bravi hanno capito che non possono farci cambiare idea utilizzando la logica, bensì facendo leva sulle nostre percezioni, perché attivano il nostro sistema emotivo.
- SEGRETO n. 10: se sbagliamo la percezione iniziale, anche le scelte che ne derivano saranno errate: i ragionamenti e le argomentazioni a supporto della scelta saranno fallaci perché il problema sta a monte, perciò dobbiamo riappropriarci delle nostre percezioni.
- SEGRETO n. 11: un metodo per potenziare le nostre percezioni consiste nell'utilizzare l'attenzione selettiva in modo da non percepire soltanto le situazioni a noi familiari.
- SEGRETO n. 12: ciò che è colto dalla nostra attenzione rimane nell'ambito della consapevolezza, mentre tutto ciò che ne rimane fuori scompare.

Capitolo 4:
Internet come acceleratore di pensiero

Oggi viviamo una situazione un po' paradossale che facciamo fatica a comprendere e a gestire. Tanti di noi cadono nel tranello dell'informazione in tempo reale; lo smartphone è ormai l'estensione del nostro braccio.

I ragazzini di oggi riescono, con i soli pollici, a scrivere velocemente sulla tastiera e inviare messaggi in contemporanea su più chat. I nuovi software permettono di gestire più finestre per fare più cose in contemporanea.

Si parla sempre di più di una nuova patologia che affligge soprattutto i giovani: il mal di smartphone, che si manifesta inizialmente con fastidio, stanchezza e dolori a livello del pollice e dell'indice che poi si estendono all'avambraccio.

La tecnologia sta cambiando il mondo e noi facciamo sempre

più fatica a capire se le informazioni che girano sono corrette o no.

Per farti un'idea del traffico che viene generato da queste attività, visita il sito www.internetlivestats.com che si aggiorna in tempo reale.

Di seguito, l'immagine catturata il 7 maggio 2017, che racchiude alcuni dati (altri li puoi trovare visitando il sito).

La rilevazione è fatta molto bene perché comprende i dati degli utenti totali, degli utenti dei vari social, dei video visti, delle mail inviate, delle foto caricate, dei gigabyte scambiati, del numero di PC, tablet e smartphone venduti.

3,628,830,514	1,188,962,819	213,019,181,179
Internet Users in the world	Total number of Websites	Emails sent today
4,765,830,589	4,456,241	602,218,741
Google searches today	Blog posts written today	Tweets sent today
5,476,484,863	61,769,457	98,063,835
Videos viewed today on YouTube	Photos uploaded today on Instagram	Tumblr posts today
1,903,783,789	516,405,044	308,258,665
Facebook active users	Google+ active users	Twitter active users

Siamo passati in pochi anni da un solo canale televisivo o radiofonico a oltre un miliardo di siti Internet, prima fruibili dal PC, ora direttamente dallo smartphone. Ricordo, da bambino, l'appuntamento del sabato pomeriggio per vedere il cartone animato preferito; con i miei amici, annullavamo anche la partita di pallone perché, o vedevamo il cartone quel giorno e a quell'ora, oppure perdevamo la puntata.

Oggi il concetto è totalmente cambiato, le TV on demand ci consentono di fruire del programma quando vogliamo, possiamo addirittura interrompere la visione e poi riprenderla su dispositivi diversi: TV, PC, tablet, smartphone. Se vogliamo un'informazione, accediamo al nostro smartphone e, in tempo reale, cerchiamo la notizia (riusciamo a farlo anche in situazioni di mobilità). Siamo oramai connessi e, con i social, possiamo dire che siamo interconnessi.

A essere interconnesse non sono solo le persone, anche le cose inizieranno sempre di più a scambiarsi informazioni in tempo reale. Pensiamo solo alla rivoluzione nel campo dei trasporti: a breve le vetture guideranno da sole, i treni ad alta velocità già utilizzano software avanzati e lo stesso dicasi per gli aerei. La domotica nelle case è già una realtà consolidata: con lo smartphone accendiamo i riscaldamenti, accediamo alla telecamera, attiviamo l'elettrodomestico, apriamo le imposte.

L'informazione si è frastagliata, non ci sono più i canali che attirano milioni di persone e le tengono incollate al video. I social hanno accelerato questo processo consentendo a chiunque di condividere in tempo reale informazioni, post, foto e video, creando un effetto moltiplicatore di rete.

Dal modello "da uno a tutti" siamo arrivati a quello "da uno a uno" grazie ai programmi di messaggistica istantanea. Molte aziende avanzate stanno invece sperimentando l'effetto del "da tutti a uno", invogliando i clienti a dare indicazioni sui prodotti e sui servizi, a partecipare attivamente al loro sviluppo, a essere parte attiva del processo.

Da una parte questo ci ha resi più liberi nell'accesso alle informazioni e nella possibilità di condividerle. Ha cambiato completamente il modo in cui manteniamo i rapporti con amici e conoscenti. Ha allungato la linea del tempo unendo la vita ricreativa con quella lavorativa.

Lungo l'arco dell'intera giornata, siamo sottoposti a continui stimoli: durante le ore lavorative ci svaghiamo con tweet, post, foto ecc., mentre durante le ore di relax leggiamo la posta aziendale e rispondiamo a un WhatsApp di lavoro.

SEGRETO n. 13: non riusciamo più a distinguere il tempo da dedicare alla produzione da quello da dedicare al rilassamento; siamo sempre più stimolati e, allo stesso tempo, stimolatori.

Noi stessi alimentiamo le distrazioni, condividiamo informazioni ma, soprattutto, commentiamo, giudichiamo i prodotti e i servizi, valutiamo le camere d'albergo e i ristoranti. Viviamo come su un palcoscenico, apriamo pagine, blog, gruppi, creiamo community, condividiamo le nostre emozioni e la nostra quotidianità. Riusciamo a raggiungere un elevato numero di persone con estrema facilità.

Se da un lato tutto ciò ci porta a essere più attivi, dall'altro questa iperattività ci inonda di così tanti stimoli da farci confondere. I fatti accaduti, se non raccontati, non fanno parte della nostra realtà, perché contano le opinioni. Le distrazioni causate da una vita digitale attiva creano un sovraccarico cognitivo che deteriora l'autocontrollo e favorisce l'impulsività.

SEGRETO n. 14: le opinioni vengono diffuse in rete con tale velocità da farle diventare verità: sono in pochi a cercare la fonte, ad avere il tempo da dedicare a una notizia.

Leggiamo un post e se ci fa entusiasmare o indignare sentiamo la necessità di condividerlo, di diffonderlo sul palcoscenico virtuale. A guidarci, in questo caso, sono le emozioni, non la ragione. E, come accade nella vita reale, se non sappiamo gestirle, le emozioni prendono il sopravvento e ci fanno commettere errori di valutazione e di azione. Una volta scritto un post o condivisa una foto su un social network, anche se cancelliamo il materiale sul nostro profilo o sulla nostra pagina, qualcuno lo ha letto, qualcun altro lo ha scaricato e conservato nel proprio archivio, altri ancora lo hanno condiviso e mandato ai loro amici. Una volta condiviso del materiale su Internet, ne perdiamo il controllo. Oggi sembra che l'unica cosa che conta, come ha detto il comico americano

Stephen Colbert, sia la "*truthiness*", la "veritezza": qualcosa di verosimile che conferma i propri preconcetti.

Il metodo Aikido Mentale aiuta facendo riflettere prima di agire, frenando l'impulsività dettata dalla frenesia di agire, di condividere la gioia o lo sdegno per un fatto accaduto. Leggere un articolo porta via tempo ed energie, è più facile e veloce condividerlo. Ci basta leggere il titolo a effetto e... click, ecco che il post diventa virale senza che nessuno lo abbia letto.

Chi, almeno una volta, non ha condiviso una news senza averla letta o avendo letto solo le prime righe? Pensiamo alla campagna contro i vaccini. Cosa si dice in rete sui vaccini? Le principali accuse ai vaccini sono che hanno gravi effetti collaterali, che quello contro la varicella causa l'autismo, che i vaccini sono superflui perché le relative malattie non ci sono più, che sono un complotto delle società farmaceutiche, che vengono somministrati troppo presto, che "voglio essere libero di decidere se vaccinare mio figlio".

Roberto Burioni, virologo dell'ospedale San Raffaele, autore del libro *Il vaccino non è un'opinione*, ci spiega perché quelle descritte sopra sono fake news.

«I vaccini hanno gravi effetti collaterali»
«Gli effetti collaterali gravi sono rarissimi: il più frequente è una violenta reazione allergica chiamata anafilassi, che si verifica in meno di un caso su un milione e si risolve senza danni se c'è un medico. Malattie come il morbillo causano invece conseguenze gravi e irreversibili in un caso su mille».

«Il vaccino contro la varicella causa l'autismo»
Visto l'aumento del 230 per cento dei casi di morbillo negli ultimi mesi, questa convinzione deve avere avuto presa. Burioni è categorico: «Non esiste alcuna relazione tra vaccinazioni e autismo, che ha basi genetiche e che, con tecniche adeguate, può essere diagnosticato ben prima della vaccinazione».

«I vaccini sono superflui perché le malattie non ci sono più»
Chi lo pensa non sa che l'unica malattia scomparsa (grazie al vaccino) è il vaiolo: «Infatti contro questa infezione non ci vacciniamo più. Ma agenti pericolosissimi, come quelli che

causano la difterite e la poliomielite, sono ancora diffusi in molti paesi e, in mancanza di un'adeguata copertura vaccinale, potrebbero tragicamente ritornare. L'ultima epidemia di poliomielite in Europa si è verificata nel 1992, proprio in una comunità olandese che rifiuta le vaccinazioni, a riprova di quanto sia importante non abbassare la guardia».

«I vaccini sono un complotto delle società farmaceutiche»
Di conseguenza i medici pro-vaccinazioni vengono spesso accusati di essere al servizio di Big Pharma. «In realtà, nel 2015 tutti i vaccini messi insieme hanno fatturato, in Italia, 318 milioni di euro. I farmaci per l'epatite C, causata da un virus contro il quale purtroppo non esiste un vaccino, da soli hanno fatturato oltre 1.700 milioni di euro. È stato calcolato che, per ogni euro speso in vaccino, se ne risparmiano 20 in spese farmaceutiche, per cui chi non vaccina i propri figli promuove gli interessi delle multinazionali in maniera molto efficace».

«I vaccini vengono somministrati troppo presto»
È l'incubo di ogni mamma. «Ma alcune infezioni, come la pertosse o la meningite da emofilo, sono particolarmente gravi

nel primo periodo di vita. Di qui l'importanza di non rimandare. Non solo i vaccini non indeboliscono il sistema immunitario, ma lo rendono più efficiente stimolandolo nel modo più naturale possibile e preservandolo da danni che possono essere molto pericolosi. Ritardare le vaccinazioni non offre nessun vantaggio, mentre lascia aperta la porta ad agenti patogeni estremamente pericolosi».

«Voglio essere libero di decidere se vaccinare mio figlio»
È una presa di posizione che non tiene conto della cosiddetta immunità di gregge. «Se tutti i bambini vengono vaccinati, gli agenti infettivi non riescono a circolare. Così vengono protetti anche i bambini troppo piccoli per essere vaccinati, coloro che non hanno risposto al vaccino (nessuno è efficace al 100%) e soprattutto i pazienti che non si possono vaccinare, magari perché stanno combattendo un tumore dell'infanzia. Vaccinare i propri figli non è dunque solo un atto di protezione individuale, ma soprattutto un atto di responsabilità sociale, in grado di proteggere i più deboli e i più sfortunati. Per questo non si può invocare la libera scelta».

È solo una manciata di estratti dal libro di Roberto Burioni, ma queste poche righe bastano a farci capire il diverso tipo di approccio al problema: da una parte tanta frivolezza e superficialità, dall'altra un approccio scientifico documentato.

Mi piace pensare all'Aikido Mentale come a un vaccino contro le fake news e il pensiero manipolatorio. Purtroppo spesso diamo sfogo alle nostre inclinazioni e tendiamo a credere in ciò che ci è più congeniale senza documentarci, senza approfondire, senza prenderci quel pizzico di tempo utile che ci eviterebbe di commettere grossi errori che hanno ripercussioni su noi stessi ma anche sugli altri. Possiamo così facilmente diventare dei killer psicologici armati di mouse, sempre pronti a condividere tutto ciò che ci sembra plausibile.

SEGRETO n. 15: un nostro errore potrebbe procurare dolore ad altre persone.

Pensiamo al caso di Alfredo Mascheroni che, da un giorno all'altro, suo malgrado, ha visto la sua vita cambiare. Accusato di pedofilia, si è visto recapitare numerose minacce, sia sul profilo Facebook, sia attraverso scritte sulle vetrine del suo bar. Ha prontamente reagito, prima rispondendo a tutti i messaggi, poi denunciando il fatto alla Polizia Postale perché rintracciasse l'autore di questa fake news. Camminando per strada, ha visto sguardi indagatori, occhi che lo scrutavano per capire dove fosse la verità. Tutto è nato da questo messaggio: «Ciao per favore segnali questo profilo? È un bastardo che mando foto di nudo a tutti e pedofilo grazie dimmi se lo fai https://www.facebook.com/O.o.axx.mxx».

Cosa porta tante persone a credere a un messaggio scritto da un profilo falso e a condividerlo? Cosa le porta a inviare messaggi minatori? Cosa induce alcuni a prendere di mira il bar di Alfredo, scrivendo sulle vetrine e promettendo di distruggerlo? Come prima risposta, direi l'ignoranza, non nel senso di mancata scolarizzazione, bensì di mancato approfondimento e di spiccata superficialità. Come seconda riposta, direi che queste notizie attivano immediatamente le emozioni. Ci si sente sopraffatti dallo sdegno, dalla rabbia e, istantaneamente, si reagisce senza prima mettere in moto la parte razionale.

È questo il vero problema: siamo stati programmati per reagire immediatamente alle situazioni di pericolo, ne va della nostra sopravvivenza. Se siamo per strada e sentiamo un forte rumore, prima ci allertiamo, poi, se ci accorgiamo che non vi sono pericoli, "ritorniamo in noi" e riprendiamo il controllo delle emozioni. Nella vita pre-web potevamo permetterci di commettere errori e di ripararli subito, oggi la facilità di condivisione di una notizia falsa, inviata con un semplice click, rappresenta un problema che dobbiamo imparare a capire e ad affrontare.

Al posto di Alfredo poteva esserci uno di noi. Prima di agire, pensiamo alle possibili conseguenze; non siamo in uno stato di emergenza, non brucia la casa, non c'è un terremoto, di fronte abbiamo uno smartphone e un messaggio perciò, prima di condividerlo, mettiamo in moto la parte razionale del nostro cervello. Nel metodo Aikido Mentale ti aiuterò a fare proprio questo, quando un'emozione monta.

Le fake news esistevano anche prima dei social network e di Internet, hanno sempre rappresentato un metodo di manipolazione. Anni fa le fake news erano appannaggio di poche persone che le veicolavano tramite i canali di comunicazione tradizionali, come giornali, radio e TV. Difendersi da queste false notizie era più facile, mentre oggi diventa sempre più difficile perché la maggior parte di esse sono pubblicate da semplici utenti, non da testate giornalistiche.

Da una ricerca condotta dalla Columbia University e dall'Institut de France, si evince che il 59% delle notizie condivise su Twitter non viene nemmeno letto. Se poi pensiamo che per il 50% degli utenti la rete è diventata un'importante fonte di notizie, questo studio deve farci riflettere ancora di più. Pertanto condividere post con un titolo o un sommario attraente, senza controllare la fonte delle informazioni, contribuisce alla manipolazione dell'opinione pubblica.

In un comunicato stampa, il CENSIS, nel dicembre 2016, scrive: «Tra le prime fonti utilizzate per informarsi, dopo il 63% dei telegiornali, si colloca Facebook con il 35,5% e i giornali radio con il 24,7%. I quotidiani non superano il 18,8%. Il 19,4% sceglie i motori di ricerca come Google, il 10,8% YouTube e il 2,9% Twitter».

L'ombra sulle elezioni americane dopo la vittoria di Donald Trump ha generato preoccupazioni e dubbi su possibili intromissioni nelle elezioni francesi. I governi e i big del web stanno affrontando il problema, ma siamo noi che, per primi, dobbiamo avere piena consapevolezza di ciò che facciamo, siamo noi i vettori di questi messaggi falsi, siamo noi che ci facciamo prendere dall'onda emotiva e veicoliamo messaggi tendenziosi, siamo noi che dobbiamo pensare alle conseguenze delle nostre azioni.

Questo eccesso di comunicazione ci manda in confusione, non siamo abituati a gestire un flusso così ampio e non riusciamo a stabilire quali sono le priorità. Da una parte aumentano le fonti di informazione, dall'altra si riduce sempre di più il tempo a disposizione per leggere ogni singola notizia. Infatti, gli articoli sono sempre più brevi e concisi e, per trasmettere un messaggio, si utilizzano sempre di più foto e video. Sempre analizzando i dati di internetlivestats.com, ci accorgiamo che ogni giorno si scrivono circa 4,5 milioni di post, si caricano circa 62 milioni di foto e si guardano 5,5 miliardi di video.

RIEPILOGO DEL CAPITOLO 4:

- SEGRETO n. 13: non riusciamo più a distinguere il tempo da dedicare alla produzione da quello da dedicare al rilassamento; siamo sempre più stimolati e, allo stesso tempo, stimolatori.
- SEGRETO n. 14: le opinioni vengono diffuse in rete con tale velocità da farle diventare verità: sono in pochi a cercare la fonte, ad avere il tempo da dedicare a una notizia.
- SEGRETO n. 15: un nostro errore potrebbe procurare dolore ad altre persone.

Capitolo 5:
Come sviluppare le credenze dell'aikidoka mentale

Finora abbiamo affrontato gli argomenti base che ci occorrono per poter intraprendere il nostro viaggio da aikidoka mentale. Quando ho iniziato questo percorso, non immaginavo né la strada che avrei intrapreso né tantomeno dove sarei arrivato. Ancora oggi sono in cammino, pronto a esplorare ogni nuova opportunità.

Questo capitolo ti offre una strategia ben definita: muovere guerra a te stesso e alle tue credenze autolimitanti e utilizzare l'energia che hai dentro di te per indirizzarla verso un preciso obiettivo: il tuo stato di benessere psicologico. Scoprirai che con piccoli accorgimenti farai passi da gigante. Passi che ti porteranno a compiere quel salto di qualità necessario al raggiungimento dell'obiettivo prefissato.

Non c'è risultato se non c'è azione, e allora iniziamo subito. È la prova più difficile da affrontare e superare. Tutte le opportunità che percepisci, i sogni a cui ambisci, i limiti che ti sei autoimposto prendono vita dalle credenze che hai sviluppato intimamente.

Ad esempio, se rispondi a tono a una persona che inveisce contro di te accusandoti di aver commesso un'infrazione con l'auto, e hai fatto tua la credenza che non è possibile cambiare i propri comportamenti, difficilmente riuscirai a cambiare. In realtà tutti siamo in grado di cambiare i nostri comportamenti e le nostre reazioni. Il problema sta nella tua credenza: se non ti togli di dosso questo fardello, inconsciamente, contrasterai il tuo operato, non ce la metterai tutta, non darai tutto te stesso e probabilmente non riuscirai.

Henry Ford diceva: «Sia che pensi che ce la farai, sia che pensi che non ce la farai, comunque avrai ragione». Qui non si tratta di apprendere delle capacità o di assumere certi comportamenti. Non si tratta di togliersi un paio di occhiali e cercare di vedere il mondo da più punti di vista.

In questo capitolo tratteremo argomenti che sono strettamente collegati al tuo sistema operativo, il software che è alla base degli elaboratori elettronici e di cui ogni altro software ha bisogno per funzionare.

Se ad esempio sul tuo smartphone Android di Google installi i programmi elaborati per il sistema operativo iOS di Apple, non funzioneranno, né tantomeno lo faranno quelli sviluppati per smartphone Windows. I cosiddetti sistemi operativi hanno un'importanza superiore perché condizionano quelli funzionali (le applicazioni che installiamo).

SEGRETO n. 16: per vincere questa sfida, devi superare te stesso e andare oltre il tuo modo di pensare: devi muovere guerra a te stesso, in particolare alle tue credenze.

Le credenze sono generalizzazioni (approssimazioni) della realtà che portano alla sensazione di certezza su qualcosa. Sono quindi delle generalizzazioni della realtà, non la realtà. Un uomo, per quanto intelligente possa essere, non può conoscere tutto nel dettaglio, quindi non può conoscere la realtà. Il nostro sistema mentale è organizzato in maniera tale che, quando ci imbattiamo

93

in nuovi concetti, questi vengano categorizzati in una struttura ad albero tramite associazioni. Ogni informazione, concetto, ricordo, parola, numero, sapore, nome ecc., elaborato dal cervello, può essere visualizzato come un nodo dal quale si irradiano milioni di collegamenti che raggiungono altri nodi attraverso percorsi neuronali in continua evoluzione.

Queste associazioni sono guidate dalle nostre credenze: se una persona guarisce da una malattia mortale e siamo religiosi, pensiamo a un miracolo del Dio che veneriamo; se siamo atei, cerchiamo delle risposte nella medicina. I nostri antenati vedrebbero come miracoli molte soluzioni mediche che oggi pratichiamo.

In tutto il mondo esistono divinità che ogni giorno fanno nuovi miracoli, o almeno così crediamo, eppure ogni fedele è pronto a credere ai miracoli del proprio Dio e a diffidare di quelli delle altre religioni. Capisci quanto è importante analizzare bene le credenze e stabilire se veramente sono nostre o se ci sono state inculcate dalla società, dai genitori, dall'esperienza, dalla cultura egemone?

SEGRETO n. 17: se le credenze possono essere irreali e le associazioni sono guidate dalle credenze, le deduzioni che ne ricaviamo possono essere errate: le deduzioni, quindi, sono influenzate dalle credenze.

La mappa mentale che abbiamo costruito nel nostro cervello è unica, non ne esiste un'altra uguale. L'abbiamo creata noi, abbiamo adattato la realtà alle nostre convinzioni, al nostro credo, tramite relazioni di esperienze. I concetti che abbiamo sviluppato sono quindi delle approssimazioni della realtà e, pertanto, sono sottoposti a continui ripensamenti e rivisitazioni.

Pensiamo che commettere degli errori sia l'eccezione e invece è la regola. La cosa buona è che, se ce ne accorgiamo, siamo capaci di cambiare rotta ed evitarli in maniera sistematica. La soluzione che diamo al problema non è data dal problema in essere, bensì dal nostro approccio al problema. Altrimenti non si spiegherebbe come mai a volte reagiamo in un modo e altre in quello diametralmente opposto.

Nel nostro approssimarci alla realtà, prendiamo delle decisioni avventate. Pensiamo al caso delle truffe sulle azioni perpetrate da alcuni funzionari di banche. che hanno portato molte persone all'atto estremo del suicidio. Queste persone pensavano di aver fatto un buon affare investendo in azioni molto redditizie senza calcolare il pericolo di poter rimanere a mani vuote.

L'attitudine a credere in cose che, in effetti, non conosciamo affatto è deleteria e ci fa prendere decisioni sbagliate. Viviamo in una società in cui il rischio ci viene prospettato come sicurezza variabile. Analisti, uomini di marketing, pubblicitari sono impegnati ogni giorno a elaborare dati, a comporli in maniera da comunicarci e imporci il loro punto di vista. È necessario proteggersi dall'abitudine a credere in cose che non conosciamo e, per farlo, dobbiamo imparare a essere più precisi: occorre cercare il dettaglio e inserirlo in un quadro d'insieme.

A nessuno piace essere sfruttato o manipolato, quindi non sto dicendo che chi subisce lo faccia consapevolmente. Il problema è proprio qui: pochi sanno di essere manipolati. Se vuoi intraprendere il percorso dell'aikidoka mentale, devi immediatamente porre fine a questo tuo comportamento e imparare a collocare le informazioni nel giusto contesto. Per ricontestualizzare intendo che non devi pensare solo al contenuto, bensì anche al contenitore (a volte soprattutto al contenitore).

Facciamo un piccolo gioco: unisci i nove punti disegnati qui sotto con quattro linee rette, senza alzare la matita dal foglio. Mettiti alla prova e non leggere il risultato prima di averci perso qualche minuto.

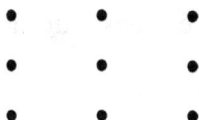

Per trovare la soluzione devi abbandonare gli schemi mentali che solitamente adotti; in questo caso devi cambiare il contenitore e non il contenuto. Non ci riesci? Non preoccuparti, sei in ottima compagnia. La soluzione puoi trovarla alla fine del capitolo.

Dai problemi che derivano dalla generalizzazione di associazioni di idee nascono le menzogne limitanti delle convinzioni.

La prima menzogna è quella della falsa speranza e porta la persona a pensare che non può riuscire nella vita. Una persona che ha sempre avuto paura di parlare in pubblico e si giustifica pensando che non riuscirà mai a trovare il coraggio per cambiare la situazione non farà mai nulla per cambiarla, così avrà sempre ragione.

La seconda menzogna è sentirsi impotenti di fronte allo stato di cose. La persona si sente impotente di fronte alla paura che prova nel parlare in pubblico e pensa di non avere le risorse per cambiare rotta.

La terza menzogna ha a che fare con il merito. La persona giustifica il suo stato pensando di non essere degna di parlare in pubblico.

Sviluppare le credenze da aikidoka mentale significa innanzitutto allontanare le tre menzogne: non raccontiamola a noi stessi, se vogliamo cambiare qualcosa nella nostra vita è il momento di programmare il cambiamento e di agire adesso. Le tre menzogne ci limitano nel pensare e nell'agire. Pensa a un obiettivo che non hai centrato: per caso una di queste tre menzogne fa parte del tuo corredo di scuse?

Di seguito ti elenco alcune credenze comuni a tutti coloro che hanno sviluppato l'intelligenza emotiva. Non sono le uniche, ve ne sono tantissime altre. Se hai la fortuna di lavorare accanto a qualcuno che ha raggiunto uno stato di benessere psicologico e che ti trasmette calma e sicurezza, carpiscigli tutti i segreti, ma soprattutto carpiscigli le credenze.

Credenza n. 1: sviluppare la speranza di riuscire

La speranza ha un impatto sorprendente sulla nostra vita perché influenza il nostro rendimento e la nostra la capacità di sopportare obblighi pesanti. È un dono prezioso che ci fa superare le difficoltà del momento e ci fa andare avanti.

Per Rick Snyder, massimo esponente della psicologia positiva, la speranza è qualcosa di più del semplice pensare in un futuro migliore, è la convinzione di poter raggiungere gli obiettivi e la consapevolezza di avere o di potersi procurare le risorse per raggiungere i propri obiettivi. Non parlo della speranza di comprare il biglietto della lotteria e vincere il primo premio, parlo della speranza di organizzarsi per mettere insieme tutti gli elementi che compongono il puzzle.

Coloro che nutrono la speranza hanno la capacità di automotivarsi, aumentano la resilienza e, soprattutto, sviluppano la flessibilità mentale per escogitare nuove strategie pur di raggiungere l'obiettivo. Pensa a una volta in cui sei riuscito a raggiungere i tuoi obiettivi anche se quando hai iniziato ci credevi poco. Ti sei meravigliato di te stesso? Cosa hai fatto?

Sviluppare una competenza qualunque rafforza la sensazione di speranza e fa aumentare nella persona la disponibilità a correre dei rischi e a tentare imprese nuove e sempre più difficili. Tutto ciò può farlo solo qualcuno che ha un elevato livello di autostima. L'autostima è il giudizio che esprimiamo su noi stessi senza comunicarlo agli altri. Sono riflessioni dette tra sé e sé che non condividiamo volentieri con gli altri. È una riflessione su quello che realmente pensiamo di essere, che è altra cosa rispetto al pensiero di quello che vorremmo essere.

Più quello che pensiamo di essere si avvicina a quello che vorremmo essere, più è grande l'autostima. *L'autostima è inversamente proporzionale al gap esistente tra il sé ideale e il sé percepito.*

Il fattore tempo è determinante, infatti posso avere una visione ideale di me stesso e sapere di avere un grosso gap da colmare per raggiungerlo, ma avere ugualmente un'elevata autostima perché so che colmerò questo gap negli anni a venire. Ho cioè fiducia nei miei mezzi e mi creo delle aspettative. Solo alla fine tirerò una linea e, se i risultati supereranno le aspettative, la mia autostima crescerà; al contrario, decrescerà. Questo rende l'autostima un concetto dinamico e circolare.

L'immagine sottostante ci fa vedere come il processo di rafforzamento o indebolimento dell'autostima sia ciclico e in continuo movimento.

```
        Risultati              Stato
        ottenuti              attuale

                  Autostima

          Stato
        desiderato          Aspettative
```

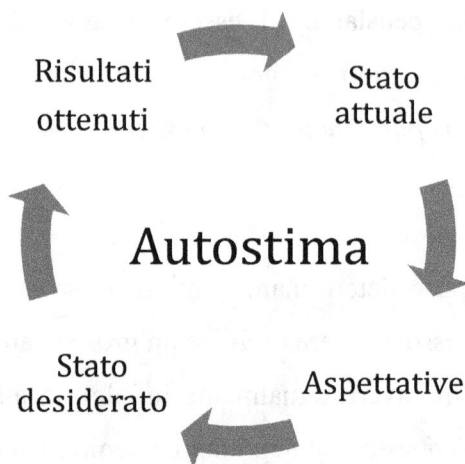

Napoleone aveva capito l'importanza dell'autostima e la potenza che può sprigionare la spirale positiva che innesca. Infatti disse: «Il mio compito è avere successo e sono piuttosto bravo in questo. Attraverso le mie azioni, io stesso creo, giorno dopo giorno, la mia *Iliade* personale».

Una volta, in un centro commerciale, mi ritrovai a parlare con uno squallido individuo. Ero giovane ed ero da poco fidanzato con la mia attuale moglie. Avevo veramente poco da offrirle: tanto amore e fantasia. Questo individuo, peraltro un parente acquisito, iniziò a fare un discorso strano: mise in risalto la sua bravura e i suoi successi lavorativi, denigrando la nostra situazione (io e mia moglie avevamo deciso di andare a vivere da soli e, a malapena, arrivavamo a fine mese). Con fare compiaciuto, elencò i suoi beni, le case, le auto, il lavoro da dirigente.

Queste persone le chiamo "killer psicologici": minano alla base l'autostima di una persona. Anche lui, come un vero killer, attese che passasse la preda e... *bang*! Sparò il suo proiettile psicologico. Ma gli disse male, perché non sapeva che eravamo muniti di giubbotto anti killer psicologico.

Riportai tutto nel giusto ordine dicendogli: «Intanto hai delle case perché te le ha lasciate tuo padre; anche noi possediamo delle case ma, essendo nati in regioni diverse da dove abitiamo, dobbiamo ricorrere all'affitto. Hai comprato una casa e una bella auto, ma lo hai fatto a sessant'anni! Inoltre andrai in pensione con il livello di dirigente soltanto perché nel tuo lavoro, per avanzare di carriera, non conta la bravura, ma gli anni di lavoro».

E terminai dicendo: «A pensarci bene mi sembri alquanto sfigato; infatti, al contrario di te, diventerò dirigente prima dei quarant'anni e per allora avrò acquistato una villa e guiderò una bella auto. Nel frattempo, lei (mia moglie) si laureerà velocemente». Fu una predizione errata: non solo raggiungemmo tutti gli obiettivi, ma addirittura prima del previsto e con risultati migliori.

Il giubbotto antiproiettile psicologico che mi aveva protetto era la mia autostima. Se il concetto di autostima fosse statico, il killer avrebbe avuto ragione: a bocce ferme, lui era quello bravo e io il poveraccio. Fortunatamente il concetto di autostima è dinamico: le aspettative, se convalidate da risultati, rafforzano l'autostima e fanno affrontare le nuove sfide con maggiore sicurezza.

È come se aprissi il conto "autostima" nella tua banca personale: come garanzia al "banchiere" (sé ideale) presenti le tue aspettative e ricevi in cambio una presunta autostima. A fine anno fai il bilancio: se le aspettative risultano superiori ai tuoi risultati, il tuo conto va in rosso e con esso il bilancio emozionale della tua autostima; se le aspettative vengono uguagliate dai risultati, rafforzi la tua credibilità nei confronti del banchiere, che sarà disposto a concederti ulteriori prestiti a garanzia; se, infine, i risultati superano le aspettative, il tuo conto in banca produrrà degli utili emozionali.

Vediamo graficamente cosa accade al ciclo dell'autostima.

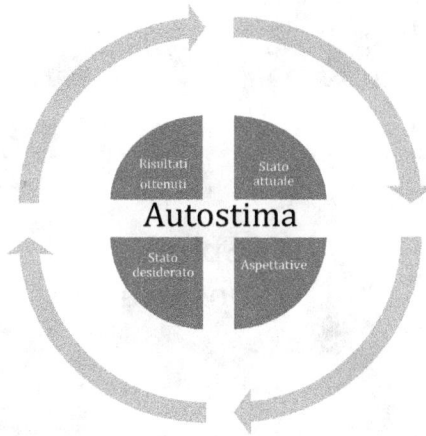

Attualmente non possiedi delle referenze reali per alimentare la tua autostima (figura in alto), però hai delle aspettative perché ti proietti nel tuo stato desiderato (il sé ideale). Ad alimentare la tua autostima sono quindi le aspettative che ti sei creato.

Essendo l'autostima il rapporto tra lo stato desiderato (il sé ideale) e lo stato attuale (il sé percepito) sei in equilibrio, in quanto le due aree dello stato desiderato e dello stato attuale si uguagliano. In questo modo, dai il via alla cosiddetta spirale positiva e, a ogni passaggio, accresci la tua autostima.

Spirale positiva

I risultati positivi alimentano la spirale facendo accrescere ancora la tua autostima.

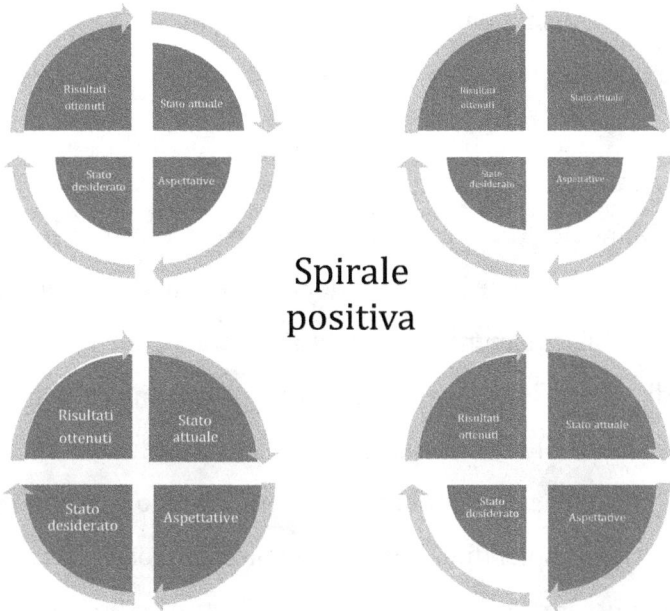

Spirale
positiva

Se però i risultati non sono consoni alle aspettative, la tua autostima diminuirà e il processo si inverte (le aree diminuiscono). Proprio per questo motivo, chi ha un'elevata autostima si propone in maniera positiva, riesce a gestire meglio situazioni ed eventi negativi e ha più forza nell'affrontare le difficoltà che si interpongono tra lo stato attuale e quello desiderato. È anche più disposto a disciplinarsi per raggiungere lo stato desiderato. Anche tu, come tutti coloro che hanno ottenuto dei successi nella vita, devi essere disposto a fare sacrifici, a lavorare duramente e a studiare ogni giorno.

Credenza n. 2: puoi fare ciò che desideri, sei un essere potente
Nelson Mandela, premio Nobel per la pace e primo presidente nero del Sudafrica, nel 1994, dopo 27 anni di prigionia, nel discorso di insediamento disse: «La nostra paura più profonda non è di essere inadeguati. La nostra paura più profonda è di essere potenti oltre misura. È la nostra Luce, non le nostre Tenebre, ciò che più ci spaventa. Ci domandiamo: chi sono io per essere brillante, splendido, ricco di talento, favoloso? In realtà, chi NON devi essere? Sei un figlio di Dio. Farti piccolo non serve al Mondo. Non vi è nulla di illuminante nel restringersi cosicché gli altri attorno a te non si sentano insicuri. Noi siamo nati per rendere manifesta la gloria di Dio che è dentro di noi. Non è soltanto in alcuni di noi, è in tutti. Facendo brillare la nostra Luce, inconsciamente diamo agli altri il permesso di fare lo stesso. Mentre noi ci liberiamo della nostra paura, la nostra presenza automaticamente libera gli altri».

L'obiettivo di questa credenza è stimolare le persone a crescere, sia personalmente sia professionalmente, ad accedere a quelle risorse interne che fanno dell'uomo un essere eccezionale, a superare la paura di essere potenti oltre misura.

Credenza n. 3: meriti tutto ciò che sogni

"Grazie" è forse una delle parole più belle, sia da pronunciare sia da ascoltare. La gratitudine, o capacità di essere riconoscenti, ci permette di apprezzare cose, passate o presenti, positive, quelle da cui abbiamo tratto beneficio in qualche modo e che, quindi, hanno dato un bel significato alla nostra esistenza (Peterson e Seligman, 2004; Emmons, 2007).

La gratitudine, che può essere annoverata tra le abilità primordiali, permette di sviluppare e mantenere livelli adeguati di benessere emotivo, di soddisfazione e di qualità di vita. È anche un valore e, per molte persone, è quasi uno stile di vita: è l'atteggiamento di chi accoglie tutto ciò viene dall'esterno e lo apprezza. Ringraziare significa esprimere riconoscenza.

Spesso ci dimentichiamo dei motivi per cui dovremmo sentirci grati, sia verso gli altri, sia verso la vita. Per essere grati non deve per forza accadere qualcosa di straordinario, di imprevedibile, occorre invece imparare ad apprezzare qualsiasi dettaglio, per quanto insignificante sembri, bisogna saper osservare e rendersi conto delle cose positive, grandi o piccole che siano.

È una questione di *focus*! Ho imparato ad apprezzare la libertà e la capacità di movimento il giorno in cui mi sono rotto il ginocchio. Semplici azioni come scendere dal letto la mattina erano diventate complicate e dolorose. Salire su una sedia per prendere una suppellettile nello scomparto più alto della cucina era un'impresa da titani. Vogliamo considerare il semplice atto di lavarsi i piedi? Tutte cose che erano per me normali ma che, di colpo, erano diventate quasi impossibili.

Esprimere la propria riconoscenza significa abbandonare l'alone di pessimismo e concentrarsi sulle cose positive della vita che stiamo vivendo, significa concentrarsi di più sull'attimo presente, ricollocando i momenti sfortunati o le sconfitte nella giusta cornice emotiva.

Tendiamo a rimandare o a ricadere nei ricordi; spesso diciamo, e sentiamo dire, frasi come: «Se solo avessi...» «Ormai è troppo tardi e non riesco più a...» oppure «Il prossimo mese inizierò...» e ancora «Ho tutta una vita davanti». Quando utilizziamo queste frasi siamo intrappolati nel nostro passato, oppure illusi sul futuro: in entrambi i casi non facciamo ciò che dovremmo, cioè *vivere il presente.* Così finiamo per non assaporare il bello della vita, schiacciati dal rimpianto o speranzosi sul futuro.

SEGRETO n. 18: per avere una vita felice occorre vivere nel presente, godere di ciò che si ha a disposizione, rafforzare il muscolo della riconoscenza, imparare dal passato e pensare per il futuro: pensa come se dovessi vivere ancora cent'anni e agisci come se dovessi morire oggi.

Riprendiamoci il presente e decidiamo di viverlo intensamente attraverso la gratitudine. È un modo per arricchire la propria vita, perché la riconoscenza infonde energia e vitalità e alimenta il livello di felicità di ognuno di noi. L'atto stesso di ringraziare ci insegna a dare più valore a ciò che abbiamo. Chi ringrazia la mamma che prepara cibi deliziosi e si divide tra fornelli e lavoro? Forse lei non ha bisogno del nostro ringraziamento, perché il suo amore la porterà comunque a prendersi cura di noi, ma siamo noi ad avere la necessità di ringraziarla per avvicinarci al vero senso della vita.

Quando ho capito questo concetto, ho cambiato la mia vita. Lavoravo continuamente e incessantemente, per arrivare al lavoro dovevo percorrere circa un'ora di strada su una via ad alta densità di traffico, a volte arrivavo in ufficio addirittura dopo due ore dalla partenza. Ovviamente non pranzavo mai a casa e, quando mi rimettevo in viaggio per il rientro, spesso arrivavo a casa che i bimbi erano già a letto a dormire. Oggi sono grato del solo fatto che rientro a casa per pranzo e riabbraccio mia moglie e i miei bimbi. Questo mi rende felice.

Lamentarsi non porta da nessuna parte. Vivere in maniera automatica, senza essere in grado di dare valore a quello che di bello ci capita giornalmente, focalizzando di più l'attenzione su quello che ci manca, porta alla distruzione della felicità.

Al contrario, prendere possesso delle nostre facoltà mentali e disinserire il pilota automatico ci porta a essere riconoscenti, a prestare attenzione ai piccoli piaceri della vita, ad apprezzare ogni momento e a lasciare da parte i falsi problemi.

Ringraziare significa apprezzare la vita, genera un senso di potenza, dà significato alle azioni quotidiane, ci riporta a vivere la vita nel "qui e ora". La mancanza di riconoscenza, invece, genera senso di colpa e ci mantiene ancorati al passato o ci illude nella speranza del futuro.

Credenza n. 4: non devi reggere alle forti emozioni, devi capirle e gestirle
Tutto il libro si basa su questo argomento: prima ancora di acquisire le capacità per gestire le emozioni è importante acquisire la credenza di poterlo fare. Se ancora non sei veramente convinto di poter gestire le tue emozioni, anziché farti gestire da esse, rileggi nuovamente i primi capitoli e capirai che invece siamo nati per cambiare, che siamo capaci di riflettere sulle emozioni, prima, durante e dopo che si manifestano.

Non è tanto l'emozione scatenante a condizionare la nostra vita, quanto la risposta automatica che mettiamo in atto. Con la riflessione ricordiamo ciò che ci è successo in passato e possiamo catalogarlo e rielaborarlo, con l'autocontrollo riusciamo a incanalare un'emozione nel momento in cui monta, con l'immaginazione e la visualizzazione siamo capaci di prevedere cosa potrebbe succedere in futuro e prendere le adeguate misure cautelative.

SEGRETO n. 19: l'uomo ha in sé tutte le capacità di cambiare sé stesso.

È nella natura umana catalogare le cose nel binomio buono-cattivo. Questo accade anche con le emozioni: pensiamo che ve ne siano alcune buone e altre cattive. Pensiamo che provare un sentimento di rabbia sia una cosa spiacevole, da biasimare. Siamo invece più propensi a liberare le emozioni positive e a farle sfogare liberamente. Ma catalogare le emozioni in buone o cattive ci allontana dalla loro comprensione. Per capire cosa provoca le emozioni che proviamo ed esserne pienamente consapevoli, dobbiamo sospendere il giudizio su di esse e far loro seguire il corso naturale, finché svaniscono.

L'atteggiamento giusto è pensare che l'emozione sia lì per aiutarci; ignorarla o reprimerla ci fa perdere l'opportunità di utilizzarla in maniera potenziante per noi stessi. Un metodo per capire quale emozione stiamo provando è imparare a rilevare i cambiamenti nel nostro corpo. Perché diventi un meccanismo automatico dobbiamo prima allenarci in privato e, solo dopo tanti esercizi, riusciremo a innescare questa reazione anche in pubblico. Le prime cose su cui occorre riflettere sono il battito cardiaco e la respirazione. Poi passeremo alla tensione muscolare.

Mettiti comodo e chiudi gli occhi, scegliendo un posto dove nessuno possa disturbarti per almeno 15 minuti. Ripensa a un fatto accaduto che ti fa montare un'emozione negativa, ripensa ai dettagli, alle parole. Che cambiamenti fisici stai provando? Senti i muscoli in tensione? Quali? Il battito cardiaco è aumentato? La respirazione è più frequente o sembra quasi che hai perso il fiato? Hai caldo o freddo? Ora fai lo stesso esercizio pensando a un'emozione positiva, a un giorno in cui hai provato eccitazione, gioia. Che cambiamenti fisici provi?

Capita l'emozione, occorre gestirne le azioni conseguenti. Le emozioni hanno una durata di pochissimi secondi e pensare che abbiano effetti istantanei e minimi è un errore che non dobbiamo commettere. Quando siamo in uno stato emotivo, dobbiamo imparare a non prendere decisioni importanti in maniera affrettata, che si tratti di emozioni negative o positive: in entrambi i casi alteriamo la visione della realtà.

SEGRETO n. 20: siamo esseri capaci, non incapaci.

Quando ero adolescente, spesso ero preda di scatti d'ira. Duravano pochissimo, ma i segni che restavano sul mio corpo erano tangibili: a volte mi contorcevo a terra per il dolore che sentivo allo stomaco. Anche nei malcapitati che assistevano alle mie reazioni esagerate lasciavo un segno indelebile. Mi dicevo sempre "sono fatto così", accettavo questa mia indole. Non sapevo che avrei potuto scegliere un'altra reazione, percorrere un'altra strada.

Devi imparare a gestire lo stress e indirizzare le pressioni nella direzione giusta. Non puoi esimerti da questo compito: prima o poi le pressioni ti scoveranno e, se non sei pronto, ti ridurranno in poltiglia. Ho visto tante persone, competenti nel proprio lavoro, abbandonare il ruolo perché reagivano male alle pressioni. Lo stress che ne derivava le rendeva più deboli, costringendole alla resa.

In questo sono un vero artista. Chi mi conosce sa bene che reggo a forti pressioni, anzi, che ho imparato a deviarle sviluppando un sistema di anticorpi dello stress. Mi sento spesso dire: «Ma come fai a resistere? Al posto tuo avrei già ceduto». Altri mi dicono: «Come fai a essere sempre così allegro, con tutte le difficoltà che devi affrontare?»

Sono molte le persone che, vedendomi tranquillo, pensano che fare il mio lavoro sia facile. In effetti non è per niente facile e capisco che, se dovessi pensare come loro, e cioè iniziare a lottare contro le pressioni quotidiane, prima o poi mi stancherei e cederei anch'io.

In realtà le pressioni le utilizzo per trovare sempre nuove soluzioni e non per affogare nei problemi. Se vi sono dei problemi, vi sono anche delle soluzioni. È sulle soluzioni che focalizzo la mia attenzione, senza sprecare energie per piangermi addosso. Quando partecipo a delle riunioni che mettono in evidenza soltanto i problemi, analizzandoli a 360 gradi e in tutte le sfaccettature, io mi astraggo e prendo la parola soltanto quando si inizia a parlare di soluzioni. Gli altri sono sfiancati, hanno consumato tutte le energie per sviscerare il problema e non hanno più nulla da dare per cercare una soluzione. Io invece sono fresco, ho ancora tutte le energie da spendere. Inconsciamente, i miei collaboratori sanno che, se hanno bisogno di me, devono pensare per opportunità e non per errori.

Focalizzare l'attenzione sulle soluzioni è un passo importante del metodo Aikido Mentale. Quello che faccio con i miei collaboratori lo faccio prima con me stesso: cerco di capire se sto utilizzando delle menzogne limitanti per scappare dal problema.

Credenza n. 5: esistono risultati buoni e meno buoni, non esistono insuccessi
Sei tu a dare un significato particolare a un evento, non è l'evento in sé ad avere significato. Stavi facendo degli esercizi per capire l'espressione del volto del tuo interlocutore e non ci sei riuscito,

però hai percepito un lieve movimento del labbro. Puoi interpretare questo risultato come un passo avanti verso la lettura del viso o come un insuccesso limitandoti e negando a te stesso nuove prospettive.

Ho sbagliato così tante volte che nemmeno ricordo più il numero dei miei fallimenti. Chi ha già fatto questo percorso sa bene che per raggiungere la vetta occorre ingoiare tanti rospi, fare buon uso delle esperienze negative e utilizzarle per non incorrere negli stessi errori. L'aspetto fondamentale di questa credenza non sta tanto nel sapere elaborare i risultati positivi, ma soprattutto nel sapere elaborare quelli negativi. Ricorda, non esistono insuccessi, ma solo difficoltà da superare.

Credenza n. 6: non puoi conoscere tutto, però all'occorrenza puoi approfondire l'argomento

Questa credenza ti infonde forza e slancio. Non puoi conoscere tutto di un argomento, però puoi metterti nella condizione di poterlo fare. Se avessi dovuto iniziare degli esperimenti solo in base alle mie conoscenze, non avrei mai scritto questo libro. È vero però che, deciso ad approfondire il tema, ho cercato tutte le informazioni possibili, diventando un vero esperto. Se non ti tuffi, non avrai mai la possibilità di farti una bella nuotata.

Pensi che Bill Gates conoscesse il linguaggio dei primi computer meglio di chi lo ha inventato? Ha venduto il suo MS-DOS, prima ancora di averlo programmato. I produttori di PC, *in primis* la IBM, erano intenti a vincere la sfida dell'hardware e hanno sottovalutato l'importanza del software. Avevano il monopolio, avrebbero potuto fare e disfare a piacimento. Gates diede un vantaggio alla IBM promettendo un sistema operativo a basso costo; fece sì che alla IBM convenisse installarlo in tutti i PC che produceva. Tutti si abituarono a utilizzare MS-DOS della Microsoft... Cosa pensi sia successo quando si è passati dal concetto di computer prodotto da una sola azienda a quello di computer assemblato? Qual era il sistema operativo che la gente chiedeva con il computer? E perché oggi siamo tutti così bravi a utilizzare Windows e non altri sistemi operativi?

Credenza n. 7: non ci sono risultati senza azione
Sogna, ma poi agisci. Devi cogliere le occasioni quando ti si presentano. Sono in tanti ad avere dei bei sogni ma, per paura di

fallire, non passano mai all'azione. Credere che per cambiare occorra aspettare il momento giusto, essere preparati nel modo migliore e fare tanti anni di prove, ti rallenta. Prendi queste credenze, buttale via e rimpiazzale con la quinta credenza. Se non agisci, non otterrai l'avanzamento sperato.

Per aiutarti a passare dal pensiero all'azione, ti svelo un piccolo segreto che, se lo metterai in atto, ti porterà al cambiamento.

SEGRETO n. 21: creati un senso di stress o di urgenza per mantenere alta la tensione.

Se vuoi fare grandi cose, devi prima pensare alla grande e poi agire da grande. Nei miei seminari, noto che la maggior parte dei partecipanti riesce a pensare a buoni progetti; quasi tutti hanno un sogno segreto nel cassetto ma, come diceva un mio amico, di solito nel cassetto oltre ai sogni si mettono anche i calzini.

Per tirare fuori i sogni dal cassetto occorre una dose di proattività o, come vedremo nella credenza n. 8, una forte motivazione a migliorarsi continuamente. Entrambe hanno un'incidenza a un livello più alto e impegnativo: al contrario, il segreto n. 21 è una scorciatoia che ti obbligherà ad agire e minerà alle fondamenta la pessima abitudine a rimandare. Siamo dei veri specialisti quando dobbiamo trovare un motivo per rimandare; i più bravi riescono addirittura a trovarne più di uno.

La dieta di solito si rimanda a domani, lo studio al lunedì mattina e la cura del giardino viene procrastinata alla prossima settimana. Vi sono addirittura persone che prima di intraprendere azioni importanti consultano l'oroscopo: per agire aspettano che i pianeti si allineino.

Creare un senso di urgenza ti porterà dritto all'azione senza perdere ulteriore tempo. Ad esempio, se vuoi dimagrire, dichiaralo ai tuoi amici, impegnati pubblicamente con loro, fai con loro delle scommesse: se perdi, oltre alla scommessa, perderai anche la faccia. La legge di Parkinson recita: «La durata di un lavoro tenderà sempre ad allungarsi fino a occupare tutto il tempo a disposizione».

Se hai tanto da perdere, ogni giorno sarà buono per avvicinarti alla meta. Non ti perderai più in disquisizioni inutili su cosa fare prima e cosa dopo, ma trasformerai la libertà di scegliere in libertà di agire.

Napoleone sapeva mettere sotto stress sia sé stesso, sia i suoi uomini. La sua mente era sempre energica e creativa, lavorava tantissime ore e, se necessario, non dormiva. Riusciva a dettare 12 lettere in contemporanea, a preparare le campagne militari nei minimi dettagli. Un'eventuale sconfitta sarebbe costata cara a lui e ai francesi. I Romani, in guerra, utilizzavano un sistema infallibile: la *decimatio* (decimazione). Quando si volevano punire i soldati, si sceglievano le coorti divise in gruppi di dieci militari e, a caso, un soldato veniva ucciso dai suoi commilitoni per lapidazione o bastonate (la morte procurata in questo modo era dolorosa). I soldati rimasti in vita dovevano dormire fuori dall'accampamento e mangiare orzo invece di frumento.

I soldati romani non arretravano mai, neanche quando era chiaro che avrebbero subito una sonora sconfitta. Se un soldato rallentava il passo, o si fermava, rischiava di far scattare la decimazione, perciò i soldati che gli stavano dietro o lo spingevano in avanti oppure lo ammazzavano. La decimazione toccava a tutti, anche a chi possedeva i gradi o svolgeva compiti particolari. Siccome la decimazione riduceva di un decimo la forza militare, fu messa in pratica poche volte, ma solo all'idea i soldati, in battaglia, avevano un atteggiamento risoluto. Infatti non avevano scampo: o morivano sul campo di battaglia con onore, o morivano per decimazione. Fatto sta che i nemici, impauriti da questa veemenza e dalla forza d'attacco, venivano spesso messi in fuga, lasciando ai Romani la vittoria fisica ma, soprattutto, quella morale.

Alessandro Magno in soli dodici anni conquistò l'Impero Persiano, l'Egitto e territori che oggi fanno parte del Pakistan, dell'Afghanistan e dell'India settentrionale. Durante una battaglia contro i Persiani, arrivato al porto, vide che i suoi uomini stavano girando le navi per essere pronti alla fuga nell'eventualità di una sconfitta. Alessandro fece incendiare tutte le navi e disse ai suoi soldati che l'unico modo per tornare a casa sarebbe stato quello di sconfiggere i nemici e impossessarsi delle loro navi. Andò esattamente in questo modo.

Sun Tzu ha scritto: «Al nemico accerchiato, lascia una via di fuga». Sapeva che, se il nemico ha una via di fuga, può ritirarsi, altrimenti lotta fino alla morte sul campo di battaglia.

Credenza n. 8: abituati al miglioramento emotivo costante
Questa credenza ha un impatto sull'uomo quasi devastante. Penso sia la madre di tutte le credenze positive. Richiede molta disciplina e costanza ma, allo stesso tempo, offre immense gratificazioni.

Come uomini, siamo portati ad assumere atteggiamenti estremi: un giorno ci impegniamo tantissimo, l'altro, appagati dall'impegno profuso il giorno prima, ci riposiamo. Prendiamo impegni ma non li portiamo a termine sia perché siamo soliti sopravvalutare le nostre capacità, sia perché, se non abbiamo un senso di urgenza, non agiamo. Quando poi siamo in prossimità della scadenza, ci immergiamo a capofitto nel lavoro.

Questa credenza ti porta a fare piccoli passi in avanti ogni giorno, piccoli miglioramenti che, alla fine, ti faranno raggiungere risultati più grandi e complessi. La ricerca di un miglioramento continuo ti allontana dall'approssimazione e ti porta a dare di più di quanto ti viene richiesto. Innesca meccanismi positivi e ti permette di:

- stimolare l'iniziativa personale;
- accrescere la tua autostima;
- aumentare la fiducia degli altri;
- incentivare la tua curiosità;
- ottenere di più.

Abbracciare questa credenza e metterla in atto è il modo più veloce per crescere emotivamente. Infatti, se ti limiti a svolgere il lavoro che ti è stato assegnato, sarai un buon dipendente, nulla di più. Se invece ti abitui a svolgere più mansioni o a dare quel tanto in più, potrai ricevere più soldi o fare carriera. Comunque, in caso di crisi, scongiuri un eventuale licenziamento.

Se ti limiti a seguire i tuoi figli basandoti solo sulle indicazioni di altre persone, come ad esempio gli insegnati, o, peggio ancora, ti rifai a quando eri piccolo, sarai un buon padre o una buona madre, ma niente di più. Se ti informi su metodi di apprendimento alternativi per bambini, usi l'immaginazione o crei storie personali, hai più possibilità di ottenere dei risultati. Un giorno mi sono imbattuto in un problema con una delle mie figlie: imitava un personaggio del suo cartone animato preferito che aveva l'abitudine di colorarsi le braccia con inchiostro e pennarelli. La mia prima reazione è stata sgridarla: «Queste cose non si fanno, fa male alla pelle, tutto quell'inchiostro viene assorbito dall'organismo e va in circolo!» Continuavo ogni sera con questa storia, che mia moglie arricchiva di spiegazioni sul perché la bimba non doveva dipingersi, entrando in particolari medici.

Non capivo che eravamo noi a dover cambiare il tipo di comunicazione e pensai che, se un cartone animato aveva indotto questo atteggiamento, una storia raccontata prima di dormire avrebbe potuto eluderlo. Da allora ho inventato una ventina di storie per bambini e ho deciso di non lasciare solo ai cartoni o alle favole il compito educativo. Le mie storie sono piene di esempi di amicizia, intelligenza sociale, collaborazione tra persone di razze diverse, gestione delle emozioni. Vi sono alcune favole che, secondo me, andrebbero bandite, ad esempio quelle che creano l'illusione nell'attesa che il principe azzurro venga a salvarci. Purtroppo per un genitore è difficile combattere con questi mostri sacri perché il marketing che le case di produzione sviluppano intorno al cartone o alla favola è tale da condizionare la vita emotiva del bambino.

Se nel rapporto di coppia fai il minimo indispensabile per evitare problemi, sarai un buon compagno o compagna ma niente di più. Anche nel rapporto di coppia, saper gestire le emozioni ti dà un doppio vantaggio: sai quando devi abbassare il volume emotivo e quando devi invece alzarlo. Migliorare costantemente ti porta a focalizzare l'attenzione sul partner, a capire meglio il suo mondo e a compenetrarlo nel tuo.

Sono anni ormai che questa credenza l'ho fatta mia. Ogni mattina dedico un'ora alla lettura di libri. Ormai fa così parte di me che, anche durante le vacanze, devo leggere. In un mese leggo all'incirca cinque libri e ogni mese acquisisco tante conoscenze in più. Anche al lavoro faccio lo stesso. Dedico un'ora al giorno a studiare come migliorare il mio e il lavoro degli altri: leggo, mi aggiorno, controllo, approfondisco. Mi accorgo che, a piccoli passi, creo un abisso tra me e i miei possibili concorrenti.

Credenza n. 9: la risorsa più grande è rappresentata dalle persone e dalle interazioni che puoi sviluppare

Qui siamo arrivati alla credenza di ciò che conta davvero nella vita. Da solo non riuscirai a fare nulla di duraturo. Se resti solo, l'unica cosa che puoi fare è come Tom Hanks nel film *Cast Away* e cioè dipingere un volto su una palla, darle un nome (Wilson) e dialogare con essa. Se non hai bisogno di nessuno, perché invece di comprare le scarpe che calzi non te le fabbrichi da solo?

Sicuramente potresti imparare a farlo, ma impareresti anche a costruirti l'auto che guidi o il cellulare con cui telefoni? Sapresti realizzare una piccola centrale elettrica e produrre energia? La risposta è semplice: da solo puoi fare veramente poco. La tua vera risorsa è data dalle relazioni che instauri con altre persone. Hai bisogno di loro e loro hanno bisogno di te. Non devi mai perdere di vista questa credenza, anche quando pensi di avere il coltello dalla parte del manico o quando hai sviluppato un'idea vincente. Perché il successo sia duraturo non basta avere un'idea brillante, devi sviluppare rapporti di fiducia con persone affidabili.

Nella mia carriera ho cambiato tanti lavori, addirittura in settori completamente diversi. Ogni volta dovevo cominciare da zero. Ma a me questo piace, sono curioso e ho sempre voglia di imparare qualcosa di nuovo. C'è una cosa che però mi porto sempre dietro, anzi, cerco di migliorarla sempre di più: la gestione delle persone. Mi sono sempre avvicinato ai nuovi lavori con sicurezza perché ho appreso l'arte superiore: quella di sapermi relazionare con le persone, di saper creare una squadra e offrirle un sogno. Per i dettagli tecnici c'è sempre tempo per imparare.

Quando riflettiamo sulla nostra esistenza, ci accorgiamo che tutti i nostri sforzi sono legati all'esistenza di altri uomini. L'individuo è ciò che è (e soprattutto è ciò che rappresenta) non solo per la sua individualità, ma anche perché membro di una grande società umana che indirizza il suo essere materiale e morale dalla nascita fino alla morte. Vivere in gruppo dà più garanzie di sopravvivenza, sia personale sia della prole. Anche coloro che svolgono lavori solitari trovandosi a loro agio (escludiamo quindi quelli che accettano tali lavori per necessità) svolgono comunque una funzione sociale. Pensiamo ai guardiani del faro, agli archivisti, ai pastori, ai programmatori ecc.

È arrivato il momento di vedere cos'è il metodo Aikido Mentale.
Nel prossimo capitolo scoprirai i 5 passi da seguire, sono facili e
veloci. All'inizio dovrai prestare più attenzione, ma poi tutto il
processo ti verrà spontaneo. Come quando hai imparato a guidare
l'auto, all'inizio pensavi di dover schiacciare la frizione, mettere
il cambio a folle e poi inserire la marcia e rilasciare la frizione.
Ora lo fai e non ci pensi più, perché è diventato automatico.

RIEPILOGO DEL CAPITOLO 5:

- SEGRETO n. 16: per vincere questa sfida, devi superare te stesso e andare oltre il tuo modo di pensare: devi muovere guerra a te stesso, in particolare alle tue credenze.

- SEGRETO n. 17: se le credenze possono essere irreali e le associazioni sono guidate dalle credenze, le deduzioni che ne ricaviamo possono essere errate: le deduzioni, quindi, sono influenzate dalle credenze.

- SEGRETO n. 18: per avere una vita felice occorre vivere nel presente, godere di ciò che si ha a disposizione, rafforzare il muscolo della riconoscenza, imparare dal passato e pensare per il futuro: pensa come se dovessi vivere ancora cent'anni e agisci come se dovessi morire oggi.

- SEGRETO n. 19: l'uomo ha in sé tutte le capacità di cambiare sé stesso.

- SEGRETO n. 20: siamo esseri capaci, non incapaci.

- SEGRETO n. 21: creati un senso di stress o di urgenza per mantenere alta la tensione.

Capitolo 6:
Come sviluppare il metodo Aikido Mentale

Nel capitolo precedente abbiamo visto che le decisioni che prendi fanno la differenza nella qualità della vita che conduci. Le decisioni danno forma al destino, ne tracciano il percorso. *Decidere è un grande potere*, che però buttiamo via per la nostra deleteria attitudine a credere in cose che non conosciamo veramente. Questa attitudine ci fa prendere decisioni sbagliate, per cui interferisce direttamente sulla nostra qualità della vita.

Viviamo in una società in cui i politici parlano per spot e frasi fatte e non riescono ad affrontare un dialogo argomentando le proprie opinioni e, sentendosi attaccati, alzano il tono della voce per far tacere l'interlocutore! Non hanno la forza di proporre cambiamenti strutturali (contro gli interessi dei cittadini) su pensioni, sanità, lavoro e lasciano fare il lavoro sporco ai cosiddetti governi tecnici. Li appoggiano, ma allo stesso tempo ne prendono le distanze. Firmano per l'IMU, per poi proclamare alla stampa che il prossimo anno la tassa deve essere abolita perché ingiusta.

Ci fanno credere che dobbiamo versare più tasse per il sostentamento dello Stato: ma siamo così sicuri che se versiamo più soldi poi tutto funziona? Non ci chiediamo cosa faranno con i nostri soldi? Li utilizzeranno per risanare il debito pubblico o per comprare altre auto blu, finanziare opere mai concluse, assicurarsi stipendi e pensioni d'oro? Negli ultimi anni abbiamo scoperto che addirittura si comprano diamanti e case!

Ma noi continuiamo a seguirli, a schierarci, a litigare per loro. Perché? Perché non reagiamo a tale stato di cose? Tutto ciò accade perché gli uomini di potere conoscono bene le tecniche di manipolazione mentale e studiano nuove trappole mentali da instillare al nostro subconscio. Sanno bene che la maggior parte della comunicazione verbale e paraverbale avviene a livello di subconscio. Sanno bene che devono parlare ai nostri sentimenti, alle nostre emozioni e non alla nostra coscienza.

Nel capitolo 7 affronteremo le più importanti tecniche

manipolatorie e spiegherò, con esempi pratici, come ripulire la nostra mente dalle trappole mentali utilizzando l'Aikido Mentale.

Uomini di marketing si alzano la mattina con l'intento di imporci il punto di vista delle aziende per cui lavorano. Fanno leva sulle nostre emozioni per venderci l'ultimo ritrovato tecnologico, la nuova e magica formula antirughe o anticellulite. La maggior parte della comunicazione aziendale non comunica informazioni, bensì trasmette emozioni e sprona ad agire secondo l'intenzione della fonte comunicante.

Siamo pronti a visitare tutti i negozi della città se non troviamo il prodotto che siamo abituati a utilizzare. Perché quando il prodotto tanto ricercato viene inscatolato in un contenitore diverso da quello in cui siamo soliti vederlo non riusciamo a identificarlo? Perché non compriamo un prodotto a 14,00 euro al pezzo ma se il venditore lo mette in offerta a 29,00 euro la coppia, corriamo a comprarlo e a svuotare gli scaffali? Non lo hai mai fatto? Ne sei sicuro? Ci metteresti la mano sul fuoco? Io no di certo, alla mia mano ci tengo!

Quando acquisti un prodotto in saldo, come fai a essere sicuro che sia veramente scontato? Lo presumi solo per il fatto che è periodo di saldi e che trovi il prezzo di listino barrato accanto al prezzo offerto a saldo? Come fai a essere sicuro che prima dei saldi il negoziante vendeva quell'articolo a prezzo di listino? Lo hai verificato personalmente?

SEGRETO n. 22: per difendersi da chi vuole manipolarci è fondamentale proteggersi dall'attitudine a credere in cose che non conosciamo, bensì presumiamo.

Se vuoi raggiungere grandi obiettivi, devi emozionarti! Se hai la giusta emozione, puoi fare qualsiasi cosa nella vita. Se non vuoi farti manipolare, non devi farti emozionare. Questo è il segreto per far diventare i propri sogni, e non quelli di altri, realtà!

Se hai voglia di ottenere un risultato e vi associ la giusta emozione, potrai fare qualsiasi cosa, supererai tutte le difficoltà, troverai sempre la strada per arrivare all'esito desiderato. Butterai il cuore oltre l'ostacolo, darai tutto te stesso e ti supererai. Libererai il tuo talento. Questo non significa che devi dare sfogo alle tue emozioni indiscriminatamente, senza controllo. Né tantomeno significa inibirle o soffocarle.

Allo stesso tempo devi conoscere i meccanismi dei manipolatori di professione per sconfiggerli e utilizzare la loro forza a tuo favore. Devi imparare a frenare gli eccessi emozionali causati da terzi per indurti all'azione da loro prestabilita. La capacità di frenare gli eccessi emozionali, gli antichi Romani la chiamavano *temperanza*. La soluzione sta nel trovare il giusto equilibrio. In effetti occorre indirizzare le proprie emozioni verso obiettivi prefissati, non bisogna mai reprimerle.

Un metodo che utilizzo, e che ho denominato Aikido Mentale, ti aiuta in questo senso: ti aiuta a controllare le emozioni, soprattutto quelle intense e di lunga durata, che possono produrre un senso di malessere psicologico. Tramite l'Aikido Mentale imparerai a rielaborare le emozioni, a vedere con occhio diverso anche quelle dolorose, a dare il giusto significato a quelle esaltanti. Imparerai a mettere in equilibrio tra di loro le emozioni positive e quelle negative, per raggiungere uno stato dinamico di benessere psicologico. Imparerai ad andare in profondità, a non fermarti in superficie, a rielaborare le informazioni e ricontestualizzarle.

Come già detto, il nome fa riferimento alla famosa disciplina giapponese che, secondo il fondatore Morihei Ueshiba, consiste nella conquista della padronanza di sé stessi, che significa acquisire la capacità di controllare l'attacco di un avversario nel momento della sua insorgenza e sfruttare la sua forza per renderlo innocuo.

Non è possibile controllare un'emozione nel momento in cui insorge, per il semplice fatto che a livello fisiologico l'impulso arriva prima all'amigdala e poi alla neocorteccia; inoltre l'amigdala risponde in tempi brevissimi – parliamo di millesimi di secondo – mentre la neocorteccia necessita di tempi più lunghi per dare una risposta razionale allo stimolo. Come abbiamo già visto, l'amigdala, in casi di pericolo, può effettuare un vero e proprio *sequestro emozionale*. Come un aikidoka devi capire quale emozione ti ha travolto e con quale intensità e durata. Questo basta per farti capire che puoi controllarla.

138

I passi da seguire sono:

1. Fermati a pensare prima di agire.
2. Focalizza la tua attenzione selettiva.
3. Pensa a un risvolto positivo.
4. Pensa almeno a tre soluzioni diverse tra di loro.
5. Anticipa le possibili conseguenze e scegli la migliore.

Analizziamo ora nel dettaglio i 5 passi.

Fermati a pensare prima di agire

Contare fino a 10 e rallentare la respirazione fino 4/6 respiri al minuto (ogni respiro dura circa 10-15 secondi), sono le prime cose che faccio, oramai in autonomia, quando sento che l'emozione inizia a prendere il sopravvento. Contare fino a 10 frena la reazione immediata, mentre rallentare il respiro attiva la corteccia prefrontale, aumenta l'Heart Rate Variability (HRV) e aiuta ad allontanare lo stato di stress. Pochi minuti di questa tecnica aiutano a rilassarci, rafforzare l'*autocontrollo*, affrontare le sfide e gestire le tentazioni.

La mente emozionale è più veloce di quella razionale e passa all'azione senza fermarsi un attimo a riflettere sulle possibili azioni da intraprendere. Quando un'emozione monta, in una frazione di secondo si impadronisce di noi e guida le nostre azioni senza permetterci di scegliere coscientemente. Questo avviene soprattutto in caso di pericolo: non potremmo salvarci se dovessimo prima analizzare la situazione; a farlo sono dei meccanismi automatici che analizzano in continuazione il mondo che ci circonda.

Tra lo stimolo e la risposta esiste la libertà di scelta. Se a uno stimolo rispondiamo sempre allo stesso modo, ci riduciamo allo stato brado e non sfruttiamo l'immenso potere del nostro cervello. Possediamo la capacità di riflettere su noi stessi, sulle nostre azioni. Abbiamo la possibilità di elaborare le emozioni e decidere se quello che ci sta succedendo può o meno influire su di noi.

Nel suo libro *I sette pilastri del successo* (Bompiani, Milano, 1991), Stephen Covey racconta la storia di Victor Emil Frankl, neurologo, psichiatra ed ebreo. Fondatore della logoterapia, che è una forma di "analisi esistenziale", fu imprigionato dal 1942 al 1945 in quattro campi di concentramento, tra cui Auschwitz e

Dachau, subì torture e maltrattamenti e perse tutta la sua famiglia a eccezione della sorella. Senza certezze, umiliato e pronto a morire da un momento all'altro, solo in una cella, nudo e al freddo, iniziò a riflettere su quella che chiamerà "l'ultima delle libertà umane", una libertà che nemmeno i più efferati aguzzini nazisti avrebbero potuto togliergli.

Era un essere autocosciente, capace di riflettere su sé stesso, di astrarsi e di vedersi come lo farebbe un osservatore esterno. Capì, appunto, che tra quanto gli stava accadendo (lo stimolo) e la sua reazione a esso (la risposta) c'era la sua libertà. Fu così che diventò presto fonte di ispirazione per gli altri detenuti e per alcuni dei suoi stessi aguzzini.

SEGRETO n. 23: nella quotidianità, raramente compiamo atti coscienti di ragionamento, bensì ci avvaliamo di scorciatoie automatiche precedentemente avvalorate.

Quando proviamo un'emozione, specialmente se è di forte intensità, non mettiamo in discussione ciò che proviamo, diciamo o facciamo; ci siamo dentro e basta. Ripensa a una forte emozione che hai provato, probabilmente rivedrai un film nella tua mente dove tu sei il protagonista e sei dentro il film, non fuori a guardarlo come uno spettatore. Se invece vedi la sequenza come se fossi uno spettatore, cambia ricordo e non fermarti finché non trovi quello che ti fa rivivere la scena come se ci fossi dentro.

Questa è una differenza che dobbiamo imparare a cogliere, che ci aiuta a sviluppare una diversa coscienza emozionale, che ci rende coscienti proprio nel bel mezzo dell'emozione e ci permette di decidere se continuare o fermarci. La coscienza emozionale sta a cavallo tra il primo e il secondo passo del metodo Aikido Mentale, perché va oltre la semplice consapevolezza dell'emozione e si avvicina all'attenzione selettiva. Sviluppare questa capacità significa essere presenti a sé stessi, governare le emozioni e decidere la risposta migliore per sé, in quel momento, disinnescando le risposte emotive automatiche.

Prendersi del tempo prima di agire porta ad avere maggiore consapevolezza non solo dell'emozione che si prova in quel momento ma anche della *consapevolezza dell'impulso*, cioè sapere cosa sta accadendo nella propria testa. Non è facile raggiungere questo stadio di consapevolezza, i monaci buddhisti ci arrivano dopo tanti anni di pratica e meditazione. A noi però ora interessa arrivare a soluzioni più facili da raggiungere nell'immediato, imparare a essere presenti al nostro stato emozionale mentre lo stiamo vivendo. L'emozione tende a focalizzare l'attenzione consapevole su di sé, perché è questa la sua funzione primaria, e siamo noi a doverci allenare e far diventare un'abitudine l'essere presenti allo stato emozionale.

Quando siamo presenti a noi stessi, siamo in grado di osservare la situazione intorno a noi e di capire che siamo in preda a una forte emozione. Grazie a ciò possiamo valutare la nostra risposta emotiva, se è giustificata o no, ed eventualmente cambiarla. Possiamo provare a reinterpretare la situazione, possiamo decidere di non rispondere istintivamente e cercare di capire meglio anche gli stati emozionali che sta provando il nostro interlocutore. Ci muoviamo quindi in due direzioni: la prima ci porta a un viaggio introspettivo per capire l'innesco delle nostre emozioni, l'altra ci porta a sviluppare la comprensione dell'altro.

Tenere traccia delle nostre emozioni ci aiuta a riflettere sulle nostre reazioni, a riconsiderarle, a sviluppare nuove risposte emotive. Prendi un diario e chiamalo diario emozionale, annota su di esso tutte le emozioni che hai provato e di cui ti sei pentito sia per le azioni che ne sono scaturite, sia per le parole che hai detto ma che non pensavi veramente. Studiare questo diario ti aiuta a riconsiderare le situazioni, a prevederle e, qualora dovessero ricapitarti, a sapere come affrontarle.

Analizza bene la situazione e, se non hai elementi per definirla, approfondisci l'argomento. Puoi farlo chiedendo ulteriori informazioni al tuo interlocutore, oppure informandoti sui libri, sulle esperienze di altre persone ecc. Oggi Internet ci aiuta mettendoci a disposizione un'enorme mole di informazioni e, soprattutto, mettendoci in contatto con milioni di persone.

Focalizza la tua attenzione selettiva
Le scorciatoie automatiche di cui ci avvaliamo per fare delle scelte, solitamente funzionano senza errori: sappiamo cosa è giusto fare in una determinata situazione senza porci tante domande. D'altra parte, se ci lasciassimo guidare solo dalle nostre inclinazioni o risposte automatiche derivate da esperienze

pregresse, finiremmo per limitare il nostro operato. Le emozioni che proviamo creano delle tendenze nella nostra attenzione, delle quali molte volte non siamo nemmeno coscienti. Un riscontro lo troviamo nella pubblicità, infatti, siamo programmati per percepire subito gli stimoli che superano la soglia della normalità. Per il cervello è facile percepire espressioni che presentano un'alta carica emotiva e i pubblicitari sfruttano la situazione facendo leva su queste inclinazioni innate, rendendoci vulnerabili.

Attivare l'attenzione selettiva significa non andare in giro tutto il giorno rispondendo in automatico alle situazioni che ci accadono. Le probabilità che la nostra mente vaghi mentre facciamo qualcosa è pari al 50%. Stai leggendo questo libro, ma hai focalizzato la tua attenzione su tutti i concetti o la tua mente ha vagato per altri pensieri?

Facciamo un piccolo esperimento, ti chiedo alcune cose: qual è il primo passo del metodo Aikido Mentale? Quanti segreti hai letto nel capitolo precedente e cosa dicono? Se hai risposto significa che durante la lettura non hai divagato e la tua attenzione è stata massima, nel caso contrario la tua mente ha seguito le sue inclinazioni e ti occorre rileggere il capitolo per capirne meglio il senso.

I neuroscienziati hanno scoperto che quando la mente vaga si spengono i nostri sistemi sensoriali, mentre, se ci concentriamo sul "qui e ora", si spengono i circuiti neuronali che causano il vagare della mente. Coloro che riescono a mantenere attiva la propria consapevolezza riescono a controllare meglio eventuali dirottamenti emotivi e notano di più ciò che li circonda.

Sei in fila al supermercato, hai fretta e scegli la cassa che ha meno persone in coda. Sei prossimo a mettere sul nastro i tuoi acquisti, ma accade un impedimento: un codice a barre scolorito non consente allo scanner di passare l'articolo; il cassiere è molto lento, fatica a leggere il codice e a passarlo manualmente. Cosa fai? Ti arrabbi o resti tranquillo magari ad ascoltare la musica del supermercato o a mandare il tuo bel WhatsApp? Se riesci a rimanere calmo, significa che hai attivato la modalità di *attenzione equanime*, prendendo nota di ciò che ti sta accadendo intorno ed evitando di farti catturare da un singolo particolare. Se invece ti arrabbi, metti in funzione la cosiddetta *reattività*

146

emotiva, poni cioè tutta l'attenzione sul particolare che ti disturba in quel momento.

Un sovraccarico dell'attenzione indebolisce il controllo mentale fino a portarci all'*esaurimento cognitivo*. Per essere focalizzata, la nostra mente deve scartare tutti gli impulsi irrilevanti e scegliere le cose importanti. Per questo è importante imparare a fare delle pause, a prendersi il giusto tempo per riposare. Se arriviamo a una scelta importante stanchi e affaticati mentalmente, faremo fatica a discernere le cose importanti da quelle irrilevanti.

In natura si trovano tantissimi posti dove potersi rigenerare. Come per il fisico, anche per la mente una breve passeggiata aiuta a rifocillare i neuroni; anche sederci su una comoda sedia e meditare ci consente di mantenere un atteggiamento di attenzione aperta e spegnere momentaneamente quel brusio interno che ci accompagna lungo l'arco della giornata.

Vediamo ora come focalizzare l'attenzione selettiva nel linguaggio parlato. Quando comunichiamo, commettiamo degli errori, tendiamo a generalizzare utilizzando termini come "tutti", "nessuno", "mai", "sempre", "loro", "noi" ecc. Le *generalizzazioni* confondono sia noi sia il nostro interlocutore. Allo stesso modo, quando dialoghiamo, tendiamo a sopprimere le informazioni. Siamo in presenza di *soppressioni* quando alla frase mancano degli elementi.

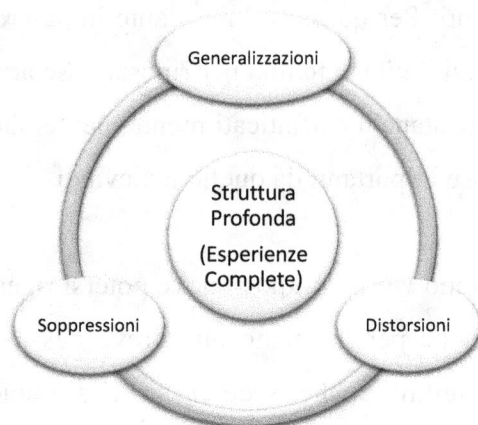

Se diciamo «Comprare una Ford è conveniente» commettiamo un errore di soppressione. Dimentichiamo di dire per chi è conveniente, o rispetto a cosa, oppure quanto è più conveniente. Chi pronuncia la frase ha in mente tutti gli elementi mancanti, solo che non li dice, perciò tocca all'interlocutore riempire i vuoti lasciati deliberatamente o inconsciamente. Certo, può riempirli nel modo corretto, ma sarebbe una vera eccezione perché solitamente ognuno riempie questi vuoti basandosi sul proprio vissuto.

Ad esempio, di fronte a un'affermazione del tipo «Comprare una Ford è conveniente», io intendo che lo sia rispetto a una Peugeot o una Renault, mentre il mio interlocutore potrebbe pensare che è conveniente rispetto a una Fiat. Oppure, io intendo che conviene per la garanzia offerta dalla casa madre, mentre il mio interlocutore potrebbe pensare che conviene per il risparmio di carburante.

Infine, altri errori di comunicazione sono dati dalla *distorsione*, che entra in scena quando adattiamo il significato di un discorso, di una parola o di un'emozione al nostro modo di vedere il mondo.

Per allenarti a individuare questi tre errori di comunicazione, accendi la TV, sintonizzati su un canale dove due o più persone dialogano senza seguire un copione predeterminato e ascolta attentamente. I comunicatori di professione raramente commettono questi errori e, se lo fanno, è per raggiungere un fine secondario e manipolativo. Per comunicare efficacemente devi abbandonare un linguaggio fatto di generalizzazioni, distorsioni e soppressioni. Devi comunicare con chiarezza, devono capirti tutti e non devi lasciare a nessuno la possibilità di travisare il tuo pensiero.

Quando invece hai di fronte una persona che parla con te e comunica in modo inefficace, hai due possibilità: la prima consiste nel carpire i suoi movimenti corporei e arrivare direttamente alla sua struttura profonda; la seconda invece consiste nell'applicare il cosiddetto metodo della precisione e passare dalla struttura superficiale a quella profonda tramite il linguaggio.

Se ti dicono «tutti», con educazione interrompi il tuo interlocutore e chiedi: «Tutti chi?» o «Proprio tutti, nessuno escluso?» In presenza di una soppressione chiedi: «Rispetto a cosa?» oppure: «Rispetto a chi?»

La distorsione avviene sovente quando si utilizzano i verbi. Se ad esempio ti dico: «Ognuno di noi dovrebbe lavorare con coscienza», cosa rispondi? Prima di proseguire nella lettura, soffermati a riflettere e dai una risposta.

Quando rifletto con gli amici su questo argomento, e me ne esco con la frase «Ognuno di noi dovrebbe lavorare con coscienza», quasi tutti rispondono: «Sì, hai ragione, ognuno di noi dovrebbe lavorare con coscienza». Rispondono con sicurezza perché pensano di sapere cosa significhi per me lavorare con coscienza, o meglio, perché distorcono la mia frase e la riutilizzano adattandola alle loro credenze. Non devi commettere questo errore, non devi distorcere la comunicazione del tuo interlocutore, ma devi capire cosa vuole comunicarti veramente. Cosa hai risposto prima alla mia domanda?

La risposta ideale sarebbe: «Cosa intendi in particolare per lavorare con coscienza?» Oppure: «Con noi intendi dire noi due, il nostro gruppo, la nostra azienda, il nostro settore?». Non lasciare scampo al tuo interlocutore, vai fino in fondo finché non arrivi allo strato della struttura profonda. Solo allora capirai cosa vuole comunicarti, quali sensazioni prova, e solo allora potrai arricchirti di quell'esperienza e dare una risposta ben precisa. Ricordati che non puoi eliminare i giudizi degli altri, ma puoi consapevolmente direzionarli.

Pensa a un risvolto positivo

Quando un fatto accade, non possiamo cambiarlo, non possiamo tornare indietro nel tempo e riscrivere la storia. Però da esso possiamo imparare, abbiamo la possibilità di rielaborarlo, di ampliare la nostra visione e di reinserirlo in un nuovo contesto.

Insomma, possiamo attribuirgli più significati. Ciò che devi imparare a fare è scegliere quello che per te è più potenziante. Pensare a un risvolto positivo ti rende responsabile. La parola *responsabilità* significa letteralmente abilità di risposta (*respons abilità*). Nel primo punto impari a farti trasportare dalla corrente emotiva, nel secondo impari a direzionarla tramite la vela della ragione. Qui la tua coscienza prende il comando e indirizza la molla emotiva verso l'obiettivo. Esiste sempre un risvolto positivo, devi solo cercarlo.

In questo passo sviluppiamo la *resilienza*, ossia la capacità di rispondere agli eventi stressanti della vita in modo costruttivo e positivo. È la capacità di superare sfide di tutti i tipi e rialzarsi più forti, saggi e sicuri di prima. Ci sono giorni in cui sembra che giri tutto storto; purtroppo non possiamo scegliere gli eventi che ci accadono, molte volte accadono e basta. Possiamo però scegliere come rispondere a questi eventi o inconvenienti. Molte volte vorremmo gettare la spugna e arrenderci perché sembra che ogni azione intrapresa, anziché aiutarci, peggiori la situazione.

Durante i corsi, spesso mi capita di ricevere questa osservazione: tutto vero, ma non è facile superare gli ostacoli, chi ci è riuscito è stato fortunato, ha avuto una vita agiata, i miei problemi sono veramente grandi. Qui abbiamo a che fare con le credenze di ogni singola persona, ed è a questo livello che dobbiamo elaborare la risposta. La pensi anche tu così? E se ti dicessi che stai sbagliando?

Il termine resilienza fu introdotto, in ambito psicologico, da uno studio del 1992 di Werner e Smith, in cui furono studiati i casi di bambini nati in condizioni difficili e fu analizzata la capacità di essere resilienti. Lo studio fu condotto nelle Hawaii, su 700 neonati, e durò circa 30 anni. Questi bambini erano poveri e malati, le famiglie avevano problemi gravi; nel loro destino la parola disagio occupava un posto preminente.

Malgrado ciò, circa 250 di quei bambini sono riusciti, in seguito, a migliorare le proprie condizioni iniziali. Da adulti sono stati capaci di mantenere un buon lavoro e sviluppare ottime relazioni sociali. Da qui è poi partita l'idea che anche dalle esperienze drammatiche si possono trarre dei benefici, trasformandole in occasioni di crescita. Ovviamente non sto dicendo che è facile, ma che non è impossibile!

Parlo di qualcosa che va oltre la semplice speranza che le cose vadano bene, della semplice consolazione. Non dico che bisogna indulgere a un atteggiamento positivo dove il futuro è roseo e basta, parlo della convinzione di avere i mezzi, la volontà e le capacità per raggiungere i propri obiettivi, sapendo che per farlo si incapperà in ostacoli da superare e problemi da risolvere. Un detto cinese è l'essenza di quanto detto finora: «Cadi sette volte, alzati otto volte".

Gli ottimisti hanno meno possibilità di cadere in uno stato d'ansia tale da riuscire a bloccarli nella realizzazione di un obiettivo e soffrono di meno emotivamente, poiché capiscono che il fallimento è parte del successo. Martin Selingman, psicologo americano, fondatore della psicologia positiva, definisce l'ottimismo il modo in cui le persone chiariscono a sé stesse i propri successi e i propri fallimenti. Prendendo spunto dal lavoro del collega Albert Ellis, ha ideato il modello ABCDE. Questo processo prevede cinque passaggi:

A. *Adversity* (avversità);

B. *Belief* (convinzione);

C. *Consequences* (conseguenze);

D. *Disputation* (disputa);

E. *Effects* (effetti).

A. Adversity (avversità): definisci l'evento scatenante
Come prima cosa devi riconoscere le situazioni esterne su cui non hai il controllo. Pensa a un'avversità che ti è accaduta nell'ultima settimana e che ti ha emotivamente coinvolto. Non devi ricercare per forza qualcosa di tragico, basta pensare a qualcosa che è

andato storto sul lavoro o a una piccola discussione con un amico. L'importante è che tu scelga una situazione dove non sei riuscito a reagire in maniera opportuna e che ha messo a dura prova la tua resilienza.

B. Belief (convinzioni): identifica le convinzioni

Questo punto è la parte principale del processo di Seligman e riprende il capitolo delle credenze o convinzioni. Devi identificare qual è il sistema di convinzioni attraverso il quale hai interpretato l'evento. Passi dal contenuto al contenitore entro il quale hai deciso di muovere il tuo pensiero. Se sei convinto che non esista nessuna soluzione, di certo ti arrenderai.

In genere, chi ha scarsa resilienza tende a pensare alle preoccupazioni come se fossero:

- *Personali*: è colpa mia, sono responsabile di ciò che non va nella mia vita e forse non sono degno di cambiare.
- *Permanenti*: le avversità sono immodificabili e non possono essere cambiate, in alcuni casi vanno accettate e basta.
- *Pervasive*: un fallimento in un'area della vita avrà ripercussioni in tutte le altre aree.

Al contrario, le persone con un atteggiamento resiliente tendono a credere che i loro problemi siano:

- *Impersonali*: non è colpa mia e posso intervenire e cambiare l'evento esterno.

- *Temporanei*: le avversità sono modificabili e possono essere cambiate, comunque non vanno accettate e basta.

- *Specifici*: un fallimento è un'occasione di crescita e non è correlato ad altre aree della vita.

Immagina che un collega ti muova una critica durante una riunione di lavoro presieduta dal capo. Se hai uno stile resiliente (e sai che il tuo collega non è uno stronzo!) potresti spiegare l'interruzione come dovuta a una divergenza di vedute (impersonale), come qualcosa che non si ripresenterà in futuro (temporanea) e limitata a questa specifica occasione (specifica).

C. Consequences (conseguenze): definisci le conseguenze
Hai filtrato l'evento che si è scatenato attraverso le convinzioni identificate prima e questo ha provocato in te delle conseguenze emotive e comportamentali. Elenca tutte le emozioni che hai

provato e tutte le reazioni comportamentali che ne sono derivate. Cerca anche di individuare altre convinzioni di cui non eri consapevole all'inizio.

Riprendendo l'esempio del collega, poniamo il caso che hai un basso livello di resilienza e non hai risposto alla sua critica. Quando sei uscito dall'ufficio eri risentito, arrabbiato e demoralizzato (*conseguenza emotiva*). Arrivato a casa, hai sbattuto la porta e risposto in malo modo a tua moglie (*conseguenza comportamentale*).

D. Disputation (disputa): metti in discussione le convinzioni

Questo passaggio prevede di mettere in discussione le convinzioni. Per farlo, puoi usare la tecnica delle *evidenze contrarie* e trovare delle prove che contraddicano la convinzione identificata in precedenza. Ad esempio, se la tua convinzione è che il collega ti ha mosso una critica perché pensa che non sei capace, pensa ad altre occasioni che contraddicono questa convinzione. Oppure usa la tecnica delle *evidenze alternative* e rifletti su altre possibili interpretazioni che non siano permanenti, pervasive e personali e che potrebbero ugualmente spiegare il fatto.

Puoi anche utilizzare la strategia delle *implicazioni*: evita di generalizzare o trasformare l'accaduto in catastrofe. Capita che i pensieri negativi siano anche realistici, ma non sono per niente costruttivi. Nel caso del collega, se ti ha messo in difficoltà di proposito, focalizzati su tutte le cose che puoi fare per cambiare la situazione. Ad esempio puoi respirare profondamente prima di rispondere e proseguire nella tua spiegazione come se nulla fosse accaduto, oppure potresti dire: «Ho già riflettuto su questa tua osservazione e sono arrivato alla conclusione che...»

E. Effects (effetti): cosa provi adesso?
Hai avuto dei miglioramenti dall'applicazione di questo processo? Se sì, prendine nota. I pensieri negativi hanno perso forza? Il dialogo interno presenta scenari meno catastrofici? Questa tecnica ti consente di avere *più energia* per affrontare il resto della giornata, che si tratti di eventi positivi o negativi.

Pensa almeno a tre soluzioni diverse tra di loro
Quando sei disperato, la mente ti riporta sempre al problema; cerchi di evadere, di fuggire, ma presto ti ritrovi al punto di

partenza. Come diceva Albert Einstein: «Non puoi risolvere un problema con lo stesso tipo di pensiero che hai usato per crearlo». Questo punto ti aiuta a focalizzarti invece sulle possibili soluzioni. Sposti la tua attenzione, fai sì che la lingua non batta dove il dente duole. Di soluzioni a un problema potrebbero essercene più di tre, allora perché proprio tre? Perché voglio che ti abitui a pensare in maniera alternativa. Quando hai un grosso problema è già difficile tirare fuori una soluzione, ma tu dovrai fare di meglio: dovrai abituarti a pensare a tre soluzioni diverse tra loro.

Per trovare la soluzione occorre agire a un livello più alto, cioè a livello sistemico. Molti manuali ci aiutano a risolvere singoli problemi, ma di solito nella vita i problemi si presentano in gruppi o occorre trovare più soluzioni simultanee per risolverli. Per spiegarmi meglio, faccio l'esempio di quanto accadutomi qualche anno fa, quando iniziai a lavorare per un concessionario di auto. All'epoca lo stock a terra delle vetture nuove costituiva un grande problema; un'ottima gestione dello stock è importante perché le giacenze costano ma, allo stesso tempo, incrementano le vendite. Chi mi aveva preceduto guardava soltanto il secondo lato della medaglia, cioè si accaparrava quante più auto possibili per poterle consegnare al cliente in pochi giorni e avere, così, un vantaggio competitivo nei confronti dei concorrenti, che avrebbero dovuto ordinare l'auto e quindi far aspettare il cliente almeno uno o due mesi prima di poterla ritirare.

Questo era un vantaggio che non volevo perdere, però non potevo permettermi di continuare a ordinare ulteriori auto e aggravare l'azienda di interessi passivi. La prima difficoltà che incontrai fu quella di estrapolare i dati sulle auto che avevo in stock (presenti al centro logistico): il sistema non mi permetteva di estrapolare i dati come volevo io e, per capire quali auto si trovavano al centro logistico, dovevo leggerle una alla volta. Riuscivo a entrare nel dettaglio ma non avevo una visione d'insieme. Riuscii nell'intento creandomi delle query su un database *Access* direttamente collegato in ODBC alla sorgente dati del gestionale.

Ho dovuto fare questo lavoro durante i ritagli di tempo e a casa la domenica, perché tutti pensavano che fosse una perdita di tempo. Il concetto dominante era: "conosci il tuo stock a memoria". Una volta estrapolati i dati, li ho accorpati con un pivot... e ho iniziato a divertirmi. Infatti, più analizzavo i dati più capivo che le auto erano accessoriate in maniera diversa le une dalle altre. Chi accessoriava le auto e decideva i colori, malgrado facesse un lavoro egregio, era ancorato al vecchio sistema e agiva per esperienza. Le auto erano troppo diverse tra loro, avrei dovuto creare degli standard e accessoriarle allo stesso modo. Se qualche cliente avesse voluto degli accessori particolari avrebbe potuto comunque ordinarli.

Non mi restava che estrapolare i dati delle vendite per capire come i clienti accessoriavano l'auto e standardizzare il processo. Ho riunito la forza vendite e ho spiegato loro il concetto della semplicità: da quel giorno in poi le auto sarebbero state tutte accessoriate allo stesso modo. Un'altra difficoltà è data dal fattore tempo. Quando ordini un'auto, questa viene prodotta in fabbrica circa tre mesi dopo, senza considerare i ritardi di produzione. Ciò significa che devi anticipare il mercato, capire quante auto potrai vendere e di che tipo. In effetti, basi tutto su un'ipotesi.

Per stabilizzare lo stock a terra ho impiegato circa un anno. Avevamo a terra 2.000 auto e vendevamo, da stock, il 60%; oggi abbiamo a terra circa 600 auto e ne vendiamo, da stock, l'89%. Questo significa meno costi (meno interessi passivi da pagare alle banche) e più efficacia (l'auto sosta nel centro logistico per un tempo minore).

Ogni azione devi integrarla nell'intero sistema azienda. Oggi la realtà aziendale si è complicata, le aziende rivali sono sempre più competitive e tu devi cercare ogni giorno di prenderti un vantaggio competitivo. Ti ho portato l'esempio precedente proprio per farti capire meglio questa interconnessione sistemica.

Esiste una discrasia temporale: da quando si ordinano le auto a quando realmente arrivano in concessionaria intercorrono circa quattro mesi. Esiste una discrasia di prodotto: il cliente potrebbe chiedere qualcosa di diverso da quello che hai previsto. Esiste una discrasia di vendita: troppi prodotti l'uno diverso dall'altro generano confusione nel venditore, che la trasmette al cliente. Esiste una discrasia economica: se ho più auto, vendo di più ma pago anche di più.

Per trovare la soluzione a questo problema occorreva agire a un livello più alto e cioè a livello sistemico. Se non avessi agito a livello sistemico avrei risolto uno solo di questi problemi, e invece dovevo risolverli tutti insieme. In questi casi il rimedio è semplificare. Se avessi affrontato un problema alla volta avrei perso tempo, cioè avrei curato il sintomo e non la malattia. Per curare la malattia occorre capire le cause fondamentali che la provocano.

SEGRETO n. 24: per curare la malattia e non i sintomi occorre operare un salto di paradigma: dal pensiero lineare bisogna passare al pensiero circolare.

A scuola ci insegnano che per unire due punti e disegnare il percorso più breve tra i due, occorre disegnare una retta. Puoi tracciare diversi percorsi, ma quello più breve resta sempre quello della linea retta (vedi disegno sotto).

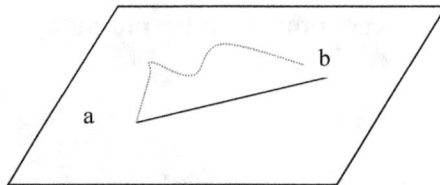

Questo è vero finché restiamo ancorati al pensiero lineare, alla geometria euclidea del piano. Ma noi non viviamo su una superficie piana, il povero Galileo Galilei dovette chiedere scusa per aver capito che la Terra era una sfera e che girava intorno al Sole! Uniamo ora due punti su una sfera e non sul foglio di carta; anche in questo caso dobbiamo tracciare il percorso più breve.

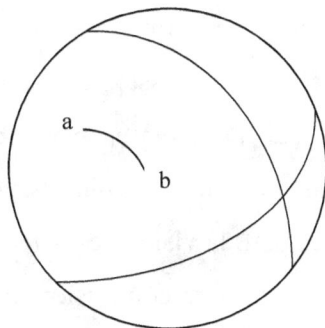

Il percorso più breve tra i punti a e b è dato da una linea curva (per essere precisi si tratta di un arco di cerchio massimo). Dal nostro punto di vista riusciamo a capire facilmente che si tratta di un arco, ma per chi ha tracciato il percorso tra i due punti è più difficile da capire, perché pensa di aver tracciato una retta. In effetti, l'uomo sulla sfera costituisce egli stesso un problema:

finché ragionerà con il pensiero lineare non riuscirà mai a capire il sistema di fondo. Einstein diceva che non è possibile risolvere un problema allo stesso livello in cui si è creato, bensì a un livello superiore. Occorre che ampli i tuoi orizzonti e guardi al di là del tuo naso per cercare di capire le leggi fondamentali del sistema.

Solo passando dal sistema lineare a quello circolare potrai fare il salto di livello che ti permetterà di ottenere grandi risultati tra di loro interconnessi. Il pensiero lineare ti porta a scomporre il problema in piccole parti e trattarle come se fossero tra di loro indipendenti. Se focalizzi l'attenzione sul particolare, perdi di vista la visione d'insieme. Passare al pensiero circolare significa guardare al particolare conservando però la visione d'insieme: dal vagliare i soli dettagli, si passa a valutare le interconnessioni tra le parti.

È più importante focalizzarsi sulla relazione tra le parti, che sulle parti stesse: in effetti, sia le parti, sia le relazioni fra di esse costituiscono aspetti diversi della stessa problematica. Queste interconnessioni formano dei sistemi che, con il passare degli anni, sono sempre più complessi. Occorre quindi analizzare non solo le relazioni tra le parti ma anche le relazioni tra i sistemi.

Non proseguire al quarto punto se prima non hai sviluppato le tre soluzioni. È difficile? Non ci credi? Bene, allora sfida te stesso, solo tu puoi batterti, solo tu puoi superarti! Presto scoprirai che sarai in grado di dare anche più di tre soluzioni allo stesso problema. Man mano che riuscirai a escogitare tre soluzioni alternative, rafforzerai questa credenza potenziante, fino a farla diventare un'abitudine mentale.

Anticipa le possibili conseguenze e scegli la migliore
Alla stregua di un architetto che, prima di costruire una casa, la immagina, la crea nella sua mente e poi mette in atto le azioni che lo porteranno fino alla messa in opera, dovrai ideare il tuo piano e anticiparne le possibili conseguenze. In questa fase devi andare in profondità e scandagliare ogni minimo dettaglio. Nessuno può conoscere il futuro, però possiamo immaginarlo e agire di conseguenza per realizzare alcuni obiettivi.

L'immaginazione crea ciò che non esiste, smonta la realtà e la ricostruisce, evoca immagini indipendentemente dalla presenza dell'oggetto cui si riferiscono. Se ci fermiamo a riflettere sulla

167

vita, ci accorgiamo che tutto ciò che l'uomo è riuscito a realizzare nasce da un'intuizione. E da cosa scaturisce un'intuizione, se non dall'immaginazione? Per il nostro cervello, immaginare o vivere realmente un'esperienza è la stessa cosa, pertanto si tratta di un'arma formidabile da utilizzare per condizionare il nostro futuro.

La pratica dell'Aikido Mentale mi ha molto aiutato, perché da adolescente ero collerico. Quando mi saliva la collera, vedevo rosso fuoco e in automatico reagivo sprigionandola e indirizzandola verso il mio avversario di turno. Con la tecnica dell'Aikido Mentale ho imparato a individuare tempestivamente la fonte della collera per smorzarne l'intensità e a riflettere poi sulle convinzioni che l'hanno destata, mettendole in discussione.

Oggi riesco a essere impassibile di fronte agli scatti d'ira delle persone. Molti pensano che questo sia il mio carattere, che io sia un tipo flemmatico; al contrario, ancora oggi vedo rosso fuoco e spesso rivolterei la scrivania addosso a persone maleducate; applico semplicemente la tecnica dell'Aikido Mentale: ormai l'ho fatta mia e fa parte dei miei automatismi.

Una volta appreso questo metodo puoi utilizzarlo durante tutta la giornata. Non mancheranno le occasioni. Puoi utilizzarlo, come già abbiamo detto, per non cadere nelle trappole mentali, ma puoi e devi utilizzarlo anche nelle relazioni di lavoro e in quelle amorose e di amicizia. Facciamo un esempio. Siamo a casa e aspettiamo nostra moglie che ritarda. Proviamo a chiamarla al telefonino che però risulta spento. Cosa facciamo? Qual è la prima reazione che abbiamo?

Solitamente andiamo su tutte le furie e aspettiamo che risponda al telefono o che rientri per vomitarle addosso tutta la nostra insofferenza. Così facendo, però, creiamo un'ulteriore frattura tra di noi. Perciò, mentre monta la furia, cerchiamo di applicare i primi due passi e riflettiamo prima di sproloquiare. Cosa potrebbe essere successo? Solitamente ritarda? È possibile che dove si trova non prenda il segnale del telefonino? Potrebbe aver avuto qualche imprevisto?

Il terzo passo ci dice di pensare in maniera positiva. Forse ha avuto soltanto un problema al lavoro o magari si è semplicemente fermata al supermercato. Forse vuole solo farci una sorpresa e quindi non ci ha detto nulla. Già solo pensare a queste cose attenua il sentimento di disappunto iniziale.

Quali potrebbero essere le tre soluzioni al problema? Questo ovviamente dipende dal tipo di rapporto e dalle abitudini di una persona, comunque possiamo ipotizzare che si potrebbe:

1. pensare che possa essere successo qualcosa di brutto e quindi agire per metterci in contatto, ad esempio telefonando al lavoro;

2. sfruttare quel tempo per organizzare una cena particolare e far capire a nostra moglie quanto amore proviamo per lei e la preoccupazione che ci fatto provare;

3. pensare: «Che bello, almeno ho ancora un po' di tempo da dedicare a me stesso!»

Come puoi sfruttare appieno questa situazione e farla diventare un'opportunità? Se ad esempio nostra moglie ritarda e, presa dal lavoro, dimentica di avvertirci, normalmente cosa si aspetta al ritorno a casa? Che la aggrediamo, che le diciamo che così non si fa eccetera eccetera? Se invece creiamo uno scenario diverso, una volta appurato che non è successo nulla di grave, le facciamo percepire il nostro amore: la possiamo abbracciare e farle capire che ci eravamo preoccupati. Rispetto alla reazione primaria, questa sicuramente è più costruttiva e cementa il rapporto. E soprattutto ci fa vivere meglio.

RIEPILOGO DEL CAPITOLO 6:

- SEGRETO n. 22: per difendersi da chi vuole manipolarci è fondamentale proteggersi dall'attitudine a credere in cose che non conosciamo, bensì presumiamo.

- SEGRETO n. 23: nella quotidianità, raramente compiamo atti coscienti di ragionamento, bensì ci avvaliamo di scorciatoie automatiche precedentemente avvalorate.

- SEGRETO n. 24: per curare la malattia e non i sintomi occorre operare un salto di paradigma: dal pensiero lineare bisogna passare al pensiero circolare.

Capitolo 7:
Come allontanare i persuasori psicologici

Analizziamo ora le principali tecniche che i persuasori psicologici mettono in atto per deviare la nostra attenzione e farci compiere le azioni da loro volute. Ovviamente non le analizzeremo tutte, bensì le più importanti, quelle più utilizzate, a cui applicheremo il metodo Aikido Mentale.

Il mio obiettivo è farti impratichire con il metodo affinché tu possa, un domani, riconoscere una manipolazione, discernere in maniera cosciente se un tuo sentimento è sano o indotto. Desidero che tu sappia difenderti da coloro che vogliono indurti a compiere particolari azioni e, allo stesso tempo, che impari a riflettere su te stesso, sulle tue azioni e sulle tue emozioni.

Shock and Awe (shock e sgomento)
Questa dottrina manipolatoria parte dal principio secondo cui il popolo è una mandria bisognosa di guida che altrimenti si

disperderebbe. Si pratica mettendo sotto shock singole persone, gruppi o intere nazioni, per poi ottenere il loro benestare a azioni o riforme contrarie ai valori degli interessati. Sfrutta l'effetto sorpresa e lo spavento per inibire eventuali reazioni e resistenze.

Un giorno, mentre mi recavo all'università, davanti all'ingresso un tizio mi bloccò e mi diede forzatamente una scatola di primo intervento contenente cerotti e garze. È un esempio di Shock and Awe. Il venditore ti blocca e ti parla a voce alta. Non sei preparato a questo evento, quindi ti blocchi. Inoltre ti mette in mano il prodotto e tu, per non farlo cadere, lo stringi. A questo punto il venditore dice il prezzo e tu paghi per il solo fatto che lo possiedi e dunque ti senti in dovere di pagarlo (legge della reciprocità).

In realtà io presi la scatola e continuai a camminare. Il venditore mi corse dietro dicendomi che non era un regalo, ma che avrei dovuto pagarla. Lo guardai, gli restituii la scatola e dissi: «Grazie ma non mi serve» e proseguii. Rimase immobile e sbalordito; non avevo fatto altro che utilizzare su di lui la stessa pratica manipolatoria.

In questi giorni di crisi sono sempre di più gli imprenditori in difficoltà economica; i clienti sembrano svaniti e i pochi che sono rimasti sono più esigenti. Gli affari vanno male e occorre tagliare i costi. Tra i costi vi sono anche quelli del personale: quale migliore occasione per abbassare gli stipendi e mantenere la forza lavoro a regime? Cosa fanno allora gli imprenditori? Creano sgomento nei lavoratori, fanno capire loro che possono ritrovarsi per strada da un giorno all'altro senza lavoro. Chi li assumerà in questo periodo? Cosa faranno? Forse sarebbe meglio ridimensionarsi, ridursi lo stipendio e il livello e mantenere il lavoro!

Debunking

Consiste nello smontare teorie che vanno contro il pensiero dominante, facendole a volte apparire ridicole, a volte infondate. L'attacco può essere condotto contro l'idea o l'informazione, ma anche contro chi la diffonde.

Famosissima è la guerra delle correnti che ha avuto luogo negli Stati Uniti alla fine del 1800. Da una parte troviamo Thomas Edison, fautore della corrente continua, e dall'altra Nikola Tesla, inventore della corrente alternata. Edison aveva già investito soldi in centrali a corrente continua per illuminare le città americane. L'unico inconveniente era dato dalla dissipazione di corrente sotto forma di calore; la centrale non poteva distare più di un miglio e mezzo dalle abitazioni da alimentare. Tesla risolse il problema ideando una centrale a corrente alternata; aumentando il voltaggio, tramite un trasformatore, riuscì a trasportare la corrente su lunghe distanze, rendendo la dissipazione di energia insignificante.

Nel 1886, George Westinghouse, un ricco imprenditore, capì che la tecnologia di Tesla era superiore, ne comprò i brevetti e fondò la Westinghouse Electric. Edison era deciso a dare battaglia, aveva fondato la General Electric e investito enormi quantità di denaro. Voleva imporre la sua come tecnologia dominante e iniziò una campagna denigratoria contro la corrente alternata. Usò tutti i mezzi fino ad arrivare a ideare la sedia elettrica a corrente alternata. In pubblico, fulminava gatti, cani, fino ad arrivare a fulminare un elefante per far capire all'opinione pubblica quanto fosse pericolosa la corrente alternata.

Era una guerra senza esclusione di colpi. Gli americani avevano paura a portare a casa un generatore di morte così potente. La guerra finì quando Tesla in persona, in una dimostrazione pubblica, fece attraversare il suo corpo dalla corrente alternata illuminando una lampada che teneva in mano.

Da questa storia capiamo bene che il business con grandi investimenti a lungo termine e produzione in serie ha bisogno di produrre domanda e di manipolare la politica e l'opinione pubblica. Per fare questo si investono enormi capitali nella ricerca psicologica, mentre quella insegnata nelle università è marginale, sia quantitativamente sia qualitativamente.

Nell'antichità queste materie venivano insegnate nelle scuole dai Sofisti e in epoca romana si studiavano le *Institutiones Oratoriae* di Quintiliano. In queste scuole gli alunni si cimentavano a discutere una tesi e poi quella contraria; imparavano a suggestionare gli altri e altresì a resistere alla manipolazione.

SEGRETO n. 25: da quando la scuola è diventata pubblica, le dottrine sulla manipolazione sono state eliminate

dall'insegnamento; si insegnano ancora a pagamento, ma non nelle scuole pubbliche e solo a pochi eletti.

Il primo obiettivo del debunking è far credere al popolo che a guidare le scelte dei politici non sia il denaro, bensì concetti etici, religiosi. Come abbiamo visto nel capitolo 1, questa dottrina fa leva sulla incapacità dell'uomo di prendere delle decisioni coscienti.

Chi studia la manipolazione, sa benissimo che poche persone pensano, alcune ragionano e sempre di meno sono quelle che riescono ad attivare lo stato di autoconsapevolezza. Sanno bene che la maggior parte delle persone confonde il vissuto soggettivo con quello oggettivo.

Basti pensare a coloro che la mattina non escono di casa se non hanno ascoltato l'oroscopo per capire il livello di incoscienza latente. Il metodo scientifico, l'approvvigionarsi di informazioni, prove ed esperimenti, sciorinare dati, insomma, l'idea che qualcosa è vero se dimostrabile è praticata da pochissimi illuminati.

Controllo mentale o linguaggio ipnotico

La teoria del controllo mentale è composta da quattro livelli base di percezione e influenza. A ogni livello, l'informazione che si trasmette si fa più complessa.

Il *primo livello* è molto superficiale, è dove lo stimolo incontra i sensi e le persone reagiscono a ciò che percepiscono. A livello di manipolazione ciò significa limitare l'informazione a ciò che la persona a percepisce con i cinque sensi, in modo che faccia delle deduzioni basandosi solo su quelle informazioni senza procedere con ulteriori accertamenti. Molte religioni operano a questo livello base di percezione. Per influenzarci, ci presentano tutto ciò che percepiamo come desiderabile.

Al primo livello abbiano un'informazione binaria (0 e 1), tutto o niente, bello o brutto, bianco o nero, vero o falso. A questo livello l'informazione è molto limitata, infatti ha a disposizione solo una variabile. In particolare i culti religiosi sfruttano questo livello per informare gli adepti in maniera binaria: noi/loro, morale/amorale, giusto/sbagliato.

Anche in politica viene spesso usato questo livello di informazione nei confronti degli elettori: scelta di campo, o di qua o di là!

Al *secondo livello* tentiamo di spiegare il significato di uno stimolo sensoriale. Cioè iniziamo ad addentrarci nel merito delle cose, a verificare se le esperienze precedenti possano o meno aiutarci nella comprensione. Chi vuole influenzarci, ci indica con chiarezza il significato che attribuisce all'evento e ce lo spiega nei minimi dettagli.

A questo livello l'informazione ha più opzioni; un'azione non è buona/cattiva, ma migliore/peggiore. Non va oltre, cioè non ci dice di quanto sia migliore o peggiore e rispetto a cosa, ci dice soltanto che lo è.

Al *terzo livello* diamo un significato soggettivo all'informazione ricevuta. La cataloghiamo e le attribuiamo un significato in base alle nostre convinzioni. Chi vuole manipolarci a questo livello, crea un'associazione con l'esperienza basandosi sull'esperienza precedente e utilizzando degli schemi linguistici specifici.

L'informazione ci viene fornita su una scala da 0 a 100, oppure da nulla a tanto. In questo caso una data cosa può essere abbastanza buona o abbastanza cattiva e viene classificata su valori graduati definiti dalla fonte di comunicazione.

Al *quarto livello* di percezione, agli stimoli esterni ricevuti associamo delle emozioni. A questo livello le abitudini prendono il sopravvento. Ci sentiamo emotivamente coinvolti. È a questo livello che agisce la maggior parte dei manipolatori, in quanto fa leva sulle nostre emozioni.

Al quarto livello l'informazione diventa complessa. Le variabili sono tante e non si muovono più lungo una scala graduata a una sola dimensione.

La figura sottostante racchiude i 4 livelli di percezione.

La maggior parte delle persone non conosce questi livelli di percezione o, se li conosce per esperienza, non è in grado di classificarli. Al contrario, i politici, i banchieri, i militari, gli uomini di marketing, i pubblicitari li conoscono benissimo e li utilizzano per veicolarci le informazioni a loro piacimento. Si muovono lungo questi quattro livelli togliendo o aggiungendo informazioni.

Anche noi, molte volte inconsapevolmente, ci muoviamo lungo questi livelli. Quante volte ti è capitato di discutere con un amico che era fossilizzato al primo livello e tu, per convincerlo, cercavi di fornirgli ulteriori elementi di riflessione?

Nel metodo Aikido Mentale, il primo passo altro non è che un continuo passaggio tra i vari livelli. Se qualcosa ci fa arrabbiare, riflettere prima di agire è un atto metacognitivo e mettiamo in relazione lo stimolo ricevuto con l'emozione suscitata. Rielaboriamo l'informazione, la confrontiamo con il nostro sistema di credenze, cerchiamo una strada alternativa da sfruttare a nostro vantaggio. Invece i manipolatori si muovono lungo i livelli perlopiù in un'unica direzione, verso l'informazione binaria.

La differenza tra l'Aikido Mentale e il controllo mentale sta nel fatto che il primo aiuta una persona a passare da una scelta più ristretta a una scelta più ampia, in termini di prospettiva, e a ricercare uno stato di benessere. Il secondo è interessato a raggiungere dei risultati: ottenere il voto, vendere un prodotto, avvicinare una persona a un nuovo culto religioso ecc. Perciò le prospettive vengono ampliate o ridotte solo ed esclusivamente a fini utilitaristici.

Ad esempio, quando cerchiamo di imparare una lingua, ci sforziamo di capire il significato delle parole che sentiamo pronunciare (informazione binaria). Quando facciamo dei progressi, cominciamo a capire non solo le singole parole ma anche i concetti, sicché la conversazione per noi diventa interessante (informazione migliore/peggiore). Le parole, da semplici suoni fonetici vengono associate a concetti e destano in noi maggiore interesse (informazione su scala). Iniziamo così a chiederci quali effetti possono avere quelle parole su di noi e come possiamo usare queste informazioni per ottenere dei cambiamenti nella nostra vita.

Neuromarketing e neuroeconomia

Prima i sistemi informatici, poi Internet, infine la neuroscienza hanno cambiato il modo di fare marketing. Prima degli anni Novanta del XX secolo, il marketing concepiva l'individuo come un segmento della popolazione. I prodotti pertanto erano realizzati per soddisfare quel segmento specifico della popolazione e non un individuo in quanto tale.

Con l'avvento di Internet, il marketing diventa one-to-one. I prodotti vengono personalizzati, cuciti addosso al cliente grazie a software che ne tracciano i comportamenti. Nelle aziende, i software di CRM (Customer Relationship Management) occupano un ruolo fondamentale nella tracciabilità del cliente.

Gli studi scientifici sul cervello hanno dato nuovo slancio al marketing, sempre attento ai cambiamenti. Grazie a tecniche di visualizzazione dell'attività cerebrale, una serie di persone viene sottoposta a scansioni magnetiche il cui scopo è quello di mettere in relazione i dati fisiologici con quelli verbali e non verbali. Si studiano i comportamenti e le reazioni delle persone per redigere un modello in grado di prevedere le scelte degli individui e poterle così anticipare, condizionando i comportamenti (specialmente d'acquisto).

Robert Cialdini, nel suo libro *Le armi della persuasione* (Giunti, 2009), individua sei principi per indurre le persone a fare ciò che vogliamo. Questi principi prendono forma dalla necessità dell'uomo di sintetizzare un enorme volume di informazioni per creare una scorciatoia comportamentale, in maniera da non dover ripetere ogni volta un ragionamento cognitivo che è stato già sviluppato: basta attivare la scorciatoia automatica e il gioco è fatto.

Il principio della reciprocità

Secondo il principio di reciprocità, le persone sono indotte a ricambiare un regalo ricevuto. In metropolitana, spesso vediamo questo principio messo in atto. Una persona si avvicina e ti lascia un santino. Tu resti stupefatto (ovviamente solo la priva volta) e non capisci perché ha fatto quel gesto. Lo osservi mentre consegna i santini ad altre persone e capisci, dal modo di fare, che è un indigente. Allora perché offre qualcosa al prossimo? Mentre ti poni questa domanda, arriva la risposta. Il nostro amico ritorna indietro e ti chiede un'offerta!

Sono tante le persone che per il solo fatto di aver accettato il santino aprono il portafogli e regalano qualche spicciolo. Senza aver accettato quel dono, probabilmente non avrebbero donato alcunché. A pensarci bene, questo principio ha in sé una forza impressionante. Nel mondo del business questo principio viene applicato quando riceviamo il classico campione gratuito.

Il principio della scarsità

In base alla legge della domanda e dell'offerta, quando un bene diventa scarso, il suo valore aumenta proporzionalmente e, con esso, anche il desiderio di possederlo. Nota quante offerte a scadenza temporale ti vengono proposte: offerta limitata, solo per oggi. La necessità di dover agire subito e in fretta fa passare tutti gli altri aspetti in secondo piano. Dalle offerte dei supermercati, alla vendita di prodotti via Internet, tutto ha una scadenza temporale.

Il principio dell'autorità

Se un consiglio oppure una richiesta sono veicolati da un soggetto autorevole, siamo più propensi ad accettarli che a rifiutarli. Ecco perché nelle pubblicità ci dicono che «test clinici hanno dimostrato che...» e a dirlo è un attore vestito con un camice bianco. Hai mai sentito un tuo amico dire «è stato dimostrato scientificamente»? Io tante volte. Sai come rispondo? Con delle domande tese ad attaccare direttamente tale convinzione. Chiedo: «Da chi è stato dimostrato scientificamente?» «Sai in cosa consiste il metodo scientifico?» Prova anche tu, ti accorgerai che già alla prima domanda la maggior parte delle persone si blocca.

Il principio dell'impegno e della coerenza

Quando compiamo una scelta, cerchiamo delle prove che ne testimonino la correttezza, quasi volessimo autoconvincerci di aver fatto la cosa migliore. Il bisogno di coerenza ci spinge a giustificare le decisioni prese in precedenza. Ci fa muovere in ambiti che conosciamo alla perfezione, mentre l'incoerenza ci provoca problemi.

Quante volte ti è capitato, mentre discuti con degli amici, di aver fatto delle affermazioni, ma con l'andare del discorso capisci di aver sbagliato? Cosa fai? Accetti le argomentazioni prodotte dai tuoi amici o cerchi di giustificare le tue tesi? Ti è mai capitato di dover dare un'offerta solo perché ti hanno chiesto una firma per fermare la droga? Tu pensi di firmare per una giusta causa, e invece la tua firma non serve ad altro che a farti cadere in questa trappola. Hai messo la firma, non metterla ti sembrava immorale; cosa fai, ti tiri indietro e non paghi?

Il principio della riprova sociale

L'uomo ha bisogno del branco, per sentirsi sicuro delle scelte che ha fatto, cerca consensi. Quando agiamo come gli altri, solitamente commettiamo meno errori. Anche i venditori e i pubblicitari insistono su prodotti che hanno un largo successo: non hanno bisogno di elogiare le qualità del prodotto, basta che dicano che è il più venduto per attivare in noi la scorciatoia, o la trappola mentale, "più venduto = più buono".

Ai tempi dell'università, con degli amici, avevo organizzato un banco al mercato di Porta Portese, a Roma. Per vendere di più, siccome eravamo in quattro, uno faceva il venditore, mentre gli altri tre facevano finta di acquistare. Con questo piccolo stratagemma, si avvicinavano più persone alla bancarella e ovviamente il portafogli cresceva.

Cosa succede se, al supermercato, mentre cerchi di capire qual è il miglior detersivo da comperare, arriva una signora che con decisione ne prende uno su cui anche tu avevi puntato gli occhi? Eh sì, lo compri anche tu!

Il principio della gradevolezza o della simpatia
Le persone simpatiche riescono a persuadere con maggior facilità. Ecco il motivo per cui nella pubblicità vengono utilizzati, come

testimonial, personaggi famosi, calciatori, cantanti, che (falsamente e dietro cospicuo compenso) testimoniano la bontà del prodotto reclamizzato. Nessuno si stupisce se diciamo che siamo bendisposti verso persone che ci risultano simpatiche. Di fronte a persone che fanno degli apprezzamenti positivi su di noi, spesso siamo indifesi.

Questi principi ci servono a capire che spesso, quando prendiamo delle decisioni, non utilizziamo tutti gli elementi a nostra disposizione, ma preferiamo estrapolarne uno identificativo. È la vita frenetica che ci porta a comportarci in questo modo: troppe informazioni ci fanno perdere tempo, richiedono più concentrazione da parte nostra. Semplificare ci offre la possibilità di dare una risposta più veloce e consona ai ritmi della vita moderna.

Quindi, se da un lato ci aiutano nello svolgimento delle azioni quotidiane, dall'altro ci rendono vulnerabili nei confronti di quegli individui che di mestiere studiano e sviluppano nuove tecniche persuasorie. Nella vita quotidiana, non sempre ci interfacciamo con professionisti della persuasione; spesso sono gli amici, i parenti e i conoscenti ad avere su di noi un impatto negativo: queste persone io le chiamo "killer psicologici" e ti spiego anche il perché. Devi assolutamente imparare a riconoscerli e ad allontanarli il prima possibile.

Killer psicologici
Per mantenere in ordine un giardino devi estirpare le erbacce. È una lotta continua, più erbacce estirpi, più ne crescono. Sbucano fuori dal nulla, bastano pochi giorni ed eccole lì, pronte ad aggredire le piante ornamentali e l'erbetta.

SEGRETO n. 26: come in un giardino, anche nella nostra mente nascono nuove erbacce, i cosiddetti pensieri limitanti, che inibiscono le nostre azioni e depotenziano la nostra motivazione.

Nel mio ebooket *Motivazione, la chiave per il successo*, edito da Bruno Editore, spiego come superare questi ostacoli autoimposti, mentre nel mio ebook *Fare carriera in sette giorni*, sempre edito da Bruno Editore, li indirizzo verso un obiettivo: la carriera. Ai nostri pensieri limitanti si aggiungono quelli che io chiamo i killer psicologici, persone che scavalcano lo steccato del nostro giardino e piantano i semi delle erbacce. Alcuni lo fanno senza esserne consapevoli, altri invece sono dei killer patentati, dei veri cecchini armati di fucile di precisione e cannocchiale a infrarossi. Ogni giorno sono in azione per ammazzare speranze e desideri.

Il nostro vivere quotidiano è pieno di tentativi di assassinio psicologico, camuffati da buoni consigli di vita. Ti è mai capitato di essere euforico per una nuova storia d'amore? Quanti ti hanno dato la loro benedizione e quanti ti hanno consigliato di andarci piano? A me dissero: «Non vale la pena innamorarsi, guarda me, ho fatto tanti sacrifici per poi trovarmi qui, solo e divorziato; goditi la vita finché puoi». Per fortuna non ho dato seguito a quel consiglio; amare una persona penso sia la cosa più bella che possa capitare nella vita.

La persona che mi disse quelle parole mi intenerì, nella sua vita aveva avuto un'esperienza negativa e, a modo suo, cercava di proteggermi da una futura delusione. Aveva creato la convinzione "innamoramento = abbandono" e voleva inculcarla anche a me; inconsciamente voleva avvertirmi, ma a sua insaputa si era trasformato in un killer psicologico e mi aveva bombardato con le sue credenze. Anche i nostri genitori, i nostri partner, i nostri insegnanti e i nostri amici involontariamente si armano e sparano contro di noi i loro insuccessi.

Veniamo ora ai professionisti del settore, ai cecchini infallibili. A differenza delle persone che ci stanno vicine e che ci sono care, costoro vanno individuati e allontanati il prima possibile. Se consenti loro di entrare nella tua vita, presto ti toglieranno la linfa vitale. Minano alla base la nostra autostima.

Come riconoscerli?
Innanzi tutto sono persone superficiali, parlano del più e del meno come se fossero i più grandi esperti del mondo. Sono dei veri scienziati della negazione. Utilizzano questo linguaggio: «Questo progetto è un'utopia»; «Non ce la farai mai»; «Con questa crisi vuoi aprire un'attività tutta tua?» e così via.

Come allontanarli?
Il problema vero sta nel fatto che non sanno nemmeno ciò che dicono. Per smascherarli e allontanarli, occorre utilizzare il

modello della precisione. Dobbiamo essere specifici e andare in profondità. Poniamo loro domande specifiche e pretendiamo delle risposte valide, non vaghe e qualunquiste. Ad esempio, se mentre gli stiamo spiegando un nostro progetto il killer ci dice «Non illuderti, se non hai i soldi non puoi fare nulla», possiamo ribattere «Per chi è vera questa osservazione? Hai fatto degli studi in merito? Quali sono le fonti a cui fai riferimento?»

Ora vediamo le cose come stanno, andiamo a capire se chi ha realizzato i suoi progetti è sempre partito con i soldi. Leonardo Del Vecchio, fondatore di Luxottica, iniziò la sua attività come apprendista incisore in una fabbrica. Secondo la rivista *Forbes*, è il secondo uomo più ricco d'Italia e nel mondo occupa la cinquantanovesima posizione. Quanta strada ha fatto quest'uomo dall'Orfanotrofio dei Martinitt di Milano! Da piccolo non aveva soldi, nessuno gli ha regalato nulla!

Anche tu pensi che per fare strada occorra possedere tanti soldi? Gli uomini più ricchi del mondo sono quasi tutti partiti dal nulla. Pensa a Bill Gates, fondatore di Microsoft, la cui sede iniziale fu il garage di casa sua; a Larry Ellison, che non conobbe mai il padre e che ha fondato la Oracle; a Karl Albrecht, l'uomo più ricco della Germania, che era figlio di un minatore; ad Amancio Ortega Gaona, che iniziò a lavorare a 14 anni prima di fondare Zara, la catena internazionale di negozi. Tutti grandi personaggi che sono accomunati da un'unica cosa: hanno sprigionato il loro talento e allontanato i killer psicologici!

Conoscere le principali tecniche persuasive e manipolatorie ci aiuta a difenderci da coloro che fanno leva sul nostro inconscio per farci agire secondo i propri desideri. Tuttavia non possiamo impararle tutte e di certo in questo momento qualcuno ne sta studiando una nuova. Anche in questo caso ci viene in soccorso l'Aikido Mentale: anche se non conosciamo il metodo persuasivo possiamo comunque limitarne gli effetti.

Ad esempio, se siamo indotti a un acquisto d'impulso perché il venditore ci dice che la camera da letto che abbiamo scelto è l'ultima disponibile e che, inoltre, dal prossimo mese il listino aumenterà e non potremo più beneficiare dello sconto pattuito, prima di firmare l'ordine fermiamoci a riflettere. Già solo fermarsi a riflettere smorza l'onda emotiva causata dall'azione del venditore. La differenza la facciamo se siamo in grado di porci le giuste domande. Solo con le giuste domande saremo in grado di dare risposte corrette.

La prima domanda che dobbiamo porci è: «Davvero è l'ultima?» Se la risposta è no, cerchiamo delle controprove, oppure bluffiamo e diciamo al venditore che un concorrente ha lo stesso prodotto. Se invece la risposta è sì, chiediamoci perché c'è solo l'ultimo pezzo. Perché non hanno scorte in magazzino? Forse è un prodotto che non si vende? Nel farci dare le risposte dal venditore, cerchiamo di capire quali potrebbero essere i nostri benefici. Se ad esempio il venditore ci dice che non hanno scorte in magazzino perché il prodotto non ha riscosso il favore del pubblico, ma a noi piace, allora chiediamo uno sconto ulteriore! Se invece non riusciamo a spuntare il prezzo che vogliamo, mettiamoci in moto e visitiamo altri negozi.

Prima di chiudere il capitolo, vorrei invitarti a riflettere su quanto credi veramente in ciò che fai e, soprattutto, su quanto hai allineato le tue credenze ai risultati che vuoi ottenere. È inutile che tu inizi un percorso di crescita emotiva personale e professionale se pensi che le persone siano polli da spennare e non risorse, perché non riuscirai a entrare in sintonia con gli altri, che ti vedranno solo come un manipolatore.

Come promesso, ti indico la soluzione al gioco dei nove punti. La sequenza, senza alzare la matita dal foglio, è la seguente:

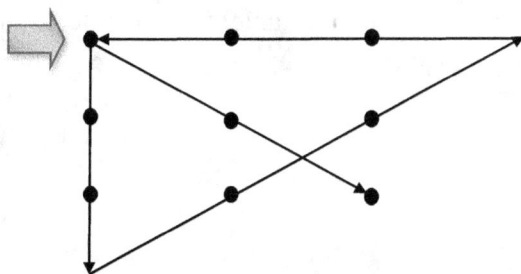

Se stai protestando perché sono andato oltre il rettangolo immaginario, formato dai punti, sei ancora dentro il vecchio modo di vedere e analizzare le cose. È un limite che ti sei imposto da solo, infatti io ti avevo chiesto soltanto di unire i nove punti con quattro linee rette, senza alzare la matita dal foglio.

RIEPILOGO DEL CAPITOLO 7:

- SEGRETO n. 25: da quando la scuola è diventata pubblica, le dottrine sulla manipolazione sono state eliminate dall'insegnamento; si insegnano ancora a pagamento, ma non nelle scuole pubbliche e solo a pochi eletti.

- SEGRETO n. 26: come in un giardino, anche nella nostra mente nascono nuove erbacce, i cosiddetti pensieri limitanti, che inibiscono le nostre azioni e depotenziano la nostra motivazione.

Capitolo 8:
Come avere successo nel lavoro

Per entrare in sintonia con gli altri, abbiamo bisogno come prima cosa di una certa calma interiore. Per saper gestire le relazioni occorre padroneggiare due capacità fondamentali: l'*autocontrollo* e l'*empatia*. Sono due competenze che bisogna fare proprie e che contribuiscono al successo sociale.

L'autocontrollo è la capacità di controllare gli impulsi e le reazioni istintive, ed è connesso all'autodisciplina e alla forza di volontà. Nel capitolo dedicato ai 5 passi del metodo Aikido Mentale abbiamo visto come sviluppare questa capacità.

L'empatia è invece la capacità di "mettersi nei panni dell'altro" percependone emozioni e pensieri. È un termine che deriva dai termini greci *en*, "dentro", e *pathos*, "sentire". Questa capacità ci consente di riconoscere le emozioni degli altri come se fossero nostre, di entrare mentalmente nella realtà altrui per comprenderne i punti di vista, i pensieri, i sentimenti, le emozioni, il "pathos".

L'empatia è un'abilità sociale fondamentale nelle relazioni interpersonali, è una delle principali vie di comunicazione per accedere agli stati d'animo dell'interlocutore. Grazie a essa siamo in grado di afferrare il senso e il contenuto di ciò che l'altro asserisce, ma soprattutto riusciamo a coglierne il significato emotivo più nascosto. Nel capitolo dedicato alle mappe delle emozioni, abbiamo visto che è possibile, sia tramite il linguaggio fisiologico, sia tramite le colorazioni della voce, catalogare le principali emozioni umane, dandone interpretazione e significato. Questo ci consente di ampliare il significato del messaggio, cogliendone elementi che spesso vanno al di là del contenuto semantico della frase.

Siamo a cena con amici, abbiamo passato tutto il pomeriggio ai fornelli e purtroppo alcuni piatti non sono buoni come avremmo voluto. I nostri amici hanno capito che ci siamo impegnati e non vogliono ferirci, ma noi cogliamo nella loro mimica facciale le tipiche espressioni del disgusto. A voce ci dicono che la pietanza è buona, ma fisiologicamente si tradiscono. *Le emozioni sono al tempo stesso il mezzo e il messaggio.*

Siamo stati abituati sin da piccoli a educare i nostri sentimenti, a volte in modo sbagliato e tale da confonderci. I genitori in questo caso giocano un ruolo importante nel trasmettere coerenza emotiva. Non possiamo dire a un bambino di non mangiare i dolci e poi i primi a farlo siamo noi. Non possiamo usare un tono di voce accusatorio quando cerchiamo di obbligare un bambino a dire grazie se riceve un regalo che non gli piace. Il bambino si esprimerà con lo stesso tono che abbiamo usato noi, risultando accigliato e secco nel pronunciare la parola "grazie".

Esistono diversi tipi di norme di espressione:
- *Minimizzare* l'esibizione dell'emozione. Solitamente in pubblico tendiamo a reprimere sentimenti di sofferenza.
- *Esagerare* l'emozione che si prova. Un esempio classico è il bambino a cui abbiamo tolto il giocattolo, che esagera nella reazione emotiva per ottenere nuovamente il giocattolo.
- *Sostituire* un sentimento con un altro. Ciò accade spesso quando non possiamo dare un rifiuto secco al nostro

interlocutore e quindi sostituiamo il rifiuto con una garanzia positiva, benché falsa.

La capacità di utilizzare queste norme di espressione è importante per lo sviluppo dell'intelligenza emotiva: il nostro comunicare è un continuo interscambio di sensazioni e stati d'animo, oltre che del contenuto del messaggio che vogliamo trasmettere. I nostri sentimenti si contagiano a vicenda, come virus, con quelli degli altri. Secondo John Cacioppo, studioso di psicofisiologia sociale, l'essenza di un rapporto sta nella coordinazione degli stati d'animo. La capacità di sintonizzarsi con gli altri, di trasmettere i propri sentimenti e di portare gli altri nella propria dimensione emotiva fa di un manager un leader affermato, di un partner un compagno affidabile, di un genitore un insegnante di vita.

Per esercitare influenza sugli altri occorre far leva sulle emozioni, non basta la sola ragione. Apprendere questa capacità è di fondamentale importanza per la vita quotidiana e per il raggiungimento di obiettivi ambiziosi: da soli non possiamo fare grandi cose o realizzare grandi progetti.

SEGRETO n. 27: cambia le tue parole e cambierai il tuo mondo.

Un bellissimo esempio è dato dalla storia del cieco e del pubblicitario. Un non vedente era seduto per terra, con un cappello ai piedi e un pezzo di cartone con su scritto: "Sono cieco, aiutatemi per favore". Alcuni passanti lasciavano una monetina, ma i più erano indifferenti. Un pubblicitario, attratto dal cartone, si fermò e notò che nel cappello vi erano solo alcuni centesimi. Si chinò e vi gettò delle monete, poi pensò che avrebbe potuto fare di più per aiutare quel cieco, così prese il cartone sul quale c'era scritto "Sono cieco, aiutatemi per favore", lo girò e vi scrisse sopra un'altra frase.

Quel pomeriggio, ripercorrendo la strada per tornare a casa, il pubblicitario vide che il cappello era pieno di monetine. Il non vedente riconobbe il passo dell'uomo e gli domandò che cosa avesse scritto di così straordinario sul cartone. Il pubblicitario rispose che aveva scritto solo la verità, ma in maniera diversa. Il non vedente non seppe mai che sul suo pezzo di cartone vi era scritto: "Oggi è primavera e io non posso vederla, aiutatemi per favore". Il pubblicitario aveva semplicemente modificato il messaggio, rendendolo più emozionante ed efficace.

Questo è un esempio di intelligenza interpersonale e sociale che, come il pubblicitario, anche noi dobbiamo imparare. Le principali caratteristiche di questa abilità sono:

1. *Capacità di organizzare i gruppi.* Tutta la nostra società è organizzata in gruppi, che siano di lavoro, di svago, di utilità sociale; i gruppi costituiscono un anello importante della nostra vita organizzativa. Essi possono farci vivere una vita felice o di disperazione. Un adagio recita: «Dimmi con chi vai e ti dirò chi sei», a dimostrazione del fatto che le persone ci accomunano ai nostri amici, ai nostri interessi e hanno di noi una visione sociale che è diversa da quella privata. «Non voglio che frequenti certe persone» è una frase pronunciata nei secoli dalle mamme protettive. In azienda, appartenere a un gruppo di lavoro anziché a un altro spesso fa la differenza. Ed è un'abilità indispensabile per un leader, poiché comporta la capacità di coordinare la volontà e gli sforzi di più persone convogliandoli verso un unico obiettivo.

2. *Capacità di negoziare.* I diplomatici appartengono in pieno a

questa categoria: devono trovare assolutamente una soluzione e, nella peggiore delle ipotesi, la loro sconfitta determina casi di morte e distruzione. La vita in famiglia è una continua negoziazione, un continuo allineare le emozioni per vivere in sintonia. Quando manca questa capacità, la famiglia si sfilaccia e ogni membro vive la sua vita individualmente, si schiera da una parte e contrasta l'altra. La capacità di negoziare ci permette di essere unici nel vivere le nostre emozioni ma uniti nel perseguirle e condividerle.

3. *Capacità di stabilire legami personali.* Con questa capacità entriamo ancora di più nella sfera personale di altre persone, arriviamo a un rapporto intimo, apriamo e facciamo aprire le porte dell'esclusività. È l'essenza della relazione, quella vera, sentita, percepita.

4. *Capacità di analisi della situazione sociale.* È una capacità che amplia la precedente portandola al livello sociale. I politici dovrebbero possederla per leggere le preoccupazioni, i sentimenti e le motivazioni del popolo e agire di conseguenza, nel bene e nel rispetto della collettività. Purtroppo, molte volte assistiamo a politici che magari interpretano le esigenze del popolo, ma si limitano a fare promesse vaghe e superficiali per

una manciata di voti; in altre parole, dicono una cosa e ne fanno un'altra.

Difficilmente troviamo in una persona queste quattro abilità sviluppate al punto da decretarne il successo sociale. Resta però il fatto che, se padroneggiamo anche solo una di queste quattro capacità, possiamo vivere e far vivere agli altri una vita più felice.

Perché il ruolo che le emozioni giocano nel contesto lavorativo è stato sempre trascurato? Se leggiamo i manuali di management ci rendiamo subito conto che nelle organizzazioni prevalgono quasi sempre i modelli razionali, mentre l'aspetto emotivo viene sottovalutato o messo in secondo piano. I concetti di lavoro weberiani e tayloristici ne sono un esempio calzante: entrambi hanno promosso un modello di azienda razionale, tesa al raggiungimento di obiettivi specifici, togliendo qualsiasi spazio all'iniziativa del singolo, che è tenuto soltanto al rispetto delle regole.

Negli ultimi anni, lo spostamento da aziende di produzione a aziende di servizi, la sensibilizzazione sulla qualità del servizio offerto, la maggiore attenzione al benessere dei lavoratori ha portato la comunità scientifica ad approfondire il rapporto interpersonale e la funzione che esercita sulla produttività. Quando siamo sotto stress, tendiamo a produrre di meno e l'HPA (*hypothalamic-pituitary-adrenal axis*, asse ipotalamo-ipofisi-surrene) prepara il nostro corpo alla crisi. L'amigdala inizia a controllare la corteccia prefrontale del cervello e le abitudini automatiche prendono il sopravvento, perché entrano in funzione degli automatismi tesi a salvarci. Finché l'amigdala esercita il cosiddetto sequestro emozionale, le informazioni non vengono trattenute nella memoria operativa e diminuisce la capacità di apprendimento e produttività.

Molti studenti provano paura per l'interrogazione, ma questa paura logora la mente e rallenta l'apprendimento. Anche sul lavoro la paura provoca un abbassamento di produttività: ecco perché è importante affrontare questo argomento e riuscire a superarlo. Se ci lasciamo andare, il logorio neurale prenderà il sopravvento sulla nostra capacità di apprendimento, di produttività e, soprattutto, di relazione interpersonale.

Con il metodo Aikido Mentale puoi ripercorrere i cinque passi e riprendere il controllo della situazione perché il nostro cervello è predisposto alla performance. Sviluppare le attività prefrontali aumenta le capacità mentali come il pensiero creativo, l'elaborazione delle informazioni e, soprattutto, l'elasticità mentale.

Esiste quindi una relazione tra capacità mentali e rendimento, connessa con i nostri stati d'animo. Questa relazione è possibile rappresentarla su un asse cartesiano con una "u" capovolta. L'asse *x* misura il gradiente dell'ansia, l'asse *y* quello della prestazione.

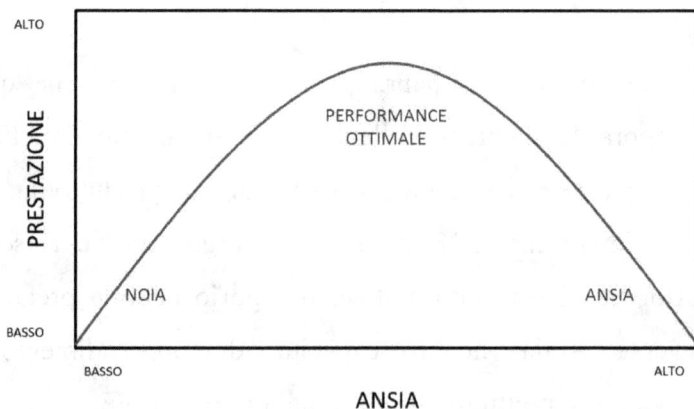

208

In presenza di bassa prestazione e basso livello di ansia, troviamo la noia e l'apatia, mentre in presenza di un alto livello di ansia e bassa prestazione, troviamo l'angoscia: in entrambi i casi, apatia e angoscia, rendiamo di meno. Graficamente, siamo ai piedi della "u" capovolta. Quando aumenta la motivazione, saliamo lungo la curva, l'attenzione selettiva si focalizza e la prestazione aumenta fino ad arrivare allo stato di picco, in alto alla curva (performance ottimale).

SEGRETO n. 28: la massima performance si ottiene quando motivazione e concentrazione sono al top.

Quando le difficoltà del compito aumentano, e la nostra capacità di svolgerlo diminuisce, iniziamo a scendere dallo stato di picco: le sfide cominciano a superare le nostre capacità e inizia la fase discendente. L'ansia inizia a salire, abbiamo poco tempo e ci rendiamo conto che non riusciremo a portare a termine il nostro compito. Abbiamo sottovalutato il problema e ora siamo di nuovo schiavi dell'amigdala; lo stress aumenta e l'efficienza mentale diminuisce.

Il nostro cervello però è orientato alla performance, quindi da queste trappole possiamo uscire: una volta capito il meccanismo, possiamo correre ai ripari, possiamo prevederne gli effetti e riorientare le nostre abitudini. *È a livello di abitudini che si vince questa sfida.* Dobbiamo far diventare automatiche le risposte emotive agli stati di ansia. A farlo sono i grandi leader che, sotto stress, riescono a dare le risposte migliori; i militari e i vigili del fuoco, che sono addestrati a dare il meglio in situazioni estreme; i calciatori più bravi che, sotto pressione per l'importanza di una partita o di un penalty, riescono a ottenere le migliori performance.

Per fare ciò, dobbiamo ripercorrere i passi del metodo Aikido Mentale e convincerci che possiamo cambiare, che la sfida è tutta al nostro interno. Occorre ripercorrere l'asse dei valori e delle credenze e, se necessario, cambiarli per ritrovare motivazione e focalizzazione.

SEGRETO n. 29: per ritrovare motivazione e focalizzazione devi emozionarti continuamente per combattere il rilassamento.

Il rilassamento va combattuto con lo slancio continuo; non devi permettere a nessuno di frenare il movimento emozionale che hai innescato. Cerca sempre la leva per motivarti. La prestazione è data dal prodotto tra le competenze e la motivazione.

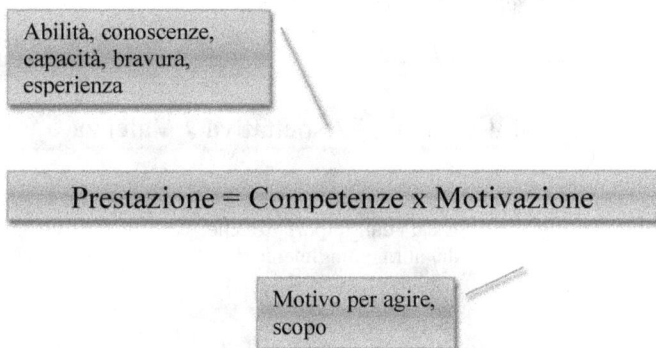

Abilità, conoscenze, capacità, bravura, esperienza

Prestazione = Competenze x Motivazione

Motivo per agire, scopo

Questa formula spiega perché a volte, anche se non abbiamo esperienza oppure non possediamo delle capacità tecniche particolari, otteniamo comunque ottimi risultati. A fare la differenza è la nostra motivazione. Al contrario, se siamo esperti ma perdiamo la motivazione, la nostra prestazione subirà dei cali. Mantieni la motivazione alta e questo non accadrà. Per mantenere alta la motivazione, devi conoscerne la formula: la motivazione è data dal prodotto tra l'aspettativa e la valenza.

È data dal grado di probabilità che ti assegni nel portare a termine il lavoro.

Motivazione = Aspettativa x Valenza

È data dall'importanza che dai al raggiungimento del risultato finale e dal premio che ne scaturisce.

Queste sono le leve che dovrai utilizzare per motivare te stesso; in seguito potrai utilizzarle con i membri della famiglia o, sul lavoro, con i collaboratori.

Nel caso dell'abitudine al ritardo possiamo applicare la formula della motivazione e aggiungere il fattore tempo. Quando prendiamo delle decisioni, secondo alcune teorie economiche, utilizziamo la formula della motivazione che abbiamo visto nella figura precedente. L'aspettativa è un concetto vicino a quello di probabilità. Se riteniamo che una cosa sia probabile, ci investiamo, altrimenti lasciamo stare, a meno che non siamo giocatori d'azzardo. Per esempio, se devi scegliere tra due banconote e ti dico che quella più vicina a te sarà sicuramente tua mentre quella più vicino a me potrebbe essere tua, quale sceglieresti? Sono sicuro che sceglieresti quella più vicino a te!

Già questo esempio è sufficiente a farci capire che le aspettative giocano un ruolo importante nella scelte di una persona. Ora però ti faccio un'altra domanda: se ti dicessi che la banconota più vicina a te ha un valore nettamente inferiore all'altra, quale sceglieresti? Quella che *sicuramente* sarà tua, ma che ha un valore inferiore, o quella che *probabilmente* sarà tua, ma che ha un valore nettamente superiore? Bene, quest'altro esempio ci fa capire come anche il valore che diamo a una cosa influisce sulle nostre decisioni.

Questa formula è ottima se applicata a una mente estremamente razionale, ma mal si applica quando parliamo di scelte quotidiane prese da uomini "semi-razionali". Perciò aggiungiamo a questa formula un fattore importante: il *tempo*. La formula diventa:

$$Motivazione = (Aspettativa \times Valenza) / Tempo$$

Siamo abituati a pensare che i costi di oggi siano più rilevanti di quelli futuri, quindi il fattore tempo lo mettiamo al denominatore: questo farà sì che più è grande il ritardo, o più tempo impieghiamo per portare a termine un compito, più diminuisce la motivazione. Quindi, più la scadenza di un compito è lontana, più tenderemo a rimandare la decisione di portarlo a termine e, di conseguenza, la motivazione scemerà. In prossimità della scadenza, la motivazione riaffiora e, con essa, l'impegno nello svolgere i compiti assegnati. Come fare allora per raggiungere un obiettivo a lungo termine se la motivazione scende?

SEGRETO n. 30: un sistema per raggiungere un obiettivo quando la motivazione cala consiste nel dividerlo in obiettivi più piccoli in un lasso temporale minore.

In questo modo la motivazione si alza comunque in prossimità della scadenza, ma siccome abbiamo individuato una data di scadenza prossima, dobbiamo obbligatoriamente attivarci. Per esempio, se ho necessità di vendere 8 set di pentole al mese, potrei suddividere l'obiettivo totale in mini-obiettivi settimanali. In questo caso non dovrò più solo vendere 8 set di pentole al mese, bensì 2 a settimana. Il grafico sottostante mostra come si comporta la motivazione.

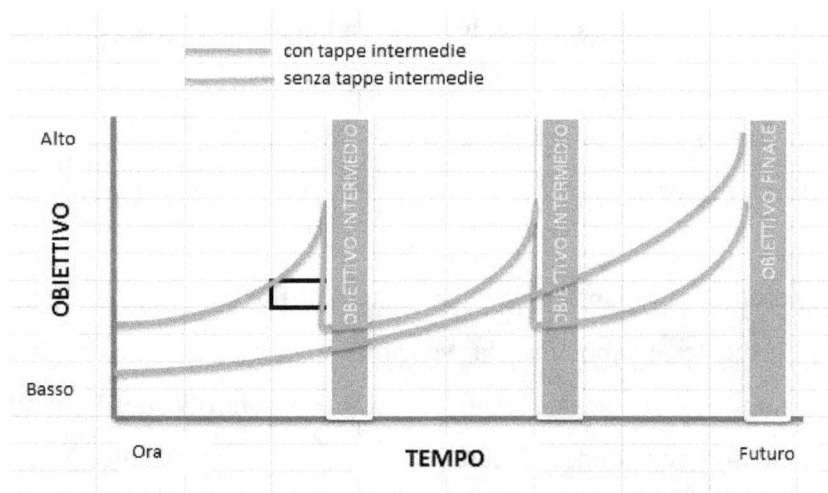

La striscia rossa rappresenta l'andamento della motivazione nel caso dell'obiettivo mensile: sale in prossimità della scadenza. La linea verde invece disegna l'andamento della motivazione nel caso degli obiettivi intermedi. I risultati sono migliori perché la motivazione, sale in prossimità della prima scadenza, per poi scemare e risalire quando si avvicinano le altre scadenze.

Spesso quando tocchiamo il picco di performance ottimale viviamo in uno stato cosiddetto di flusso; o meglio, quando siamo in uno stato di flusso, tocchiamo il picco di performance ottimale. È la sensazione di sentirsi completamente persi e assorbiti nel compito che si sta svolgendo, talmente intensa che ci dimentichiamo di quello che ci sta intorno. Questa sensazione è stata chiamata *esperienza ottimale*; in ambito sportivo viene definita *trance agonistica*.

Generalmente, quando siamo nello stato di flusso, il tempo scorre velocemente e abbiamo la sensazione che tutto quello che facciamo sia importante. Abbiamo il pieno controllo dell'attività che stiamo svolgendo, viviamo un'esperienza gratificante. Negli anni Settanta, il primo a osservare questo stato di flusso fu Mihály Csíkszentmihályi. Mentre studiava come lavoravano i pittori, notò un comportamento che lo colpì. Quando i pittori erano concentrati sul loro dipinto, sembravano non essere stanchi, non avere fame, non notare le persone attorno a loro, dimenticarsi del tempo e dell'ambiente che li circondava. Appena completato il dipinto, il loro interesse scemava rapidamente.

RIEPILOGO DEL CAPITOLO 8:

- SEGRETO n. 27: cambia le tue parole e cambierai il tuo mondo.

- SEGRETO n. 28: la massima performance si ottiene quando motivazione e concentrazione sono al top.

- SEGRETO n. 29: per ritrovare motivazione e focalizzazione devi emozionarti continuamente per combattere il rilassamento.

- SEGRETO n. 30: un sistema per raggiungere un obiettivo quando la motivazione cala consiste nel dividerlo in obiettivi più piccoli in un lasso temporale minore.

Capitolo 9:
Come avere successo nella vita di coppia

I neuroscienziati svelano i segreti dell'amore introducendo il concetto di tre differenti sistemi cerebrali tra di loro indipendenti:

1. reti neurali preposte all'attaccamento;
2. reti neurali preposte alle cure;
3. reti neurali preposte al sesso.

Ognuna di queste reti ha propri circuiti neurali che vengono attivati da differenti sostanze chimiche. Otteniamo uno stato di amore ideale, o cosiddetto romantico, quando queste tre componenti sono in armonioso equilibrio tra loro.

La teoria dell'attaccamento, formulata negli anni Sessanta dallo psichiatra inglese John Bowlby, ipotizza che le persone abbiano una predisposizione innata a formare legami di attaccamento con persone significative, quelle di cui sentono di più la mancanza quando non ci sono. L'attaccamento è il bisogno innato di ricercare, per tutta la vita, dei soggetti di riferimento in grado di proteggerci nei momenti di difficoltà. Le cure ci portano a provvedere alle persone a cui teniamo e a cui siamo legati, mentre il sesso è inteso sia come l'atto di generare nuovi individui, sia come gioco, relazione, comunicazione, scambio di piacere e momento privilegiato dell'intimità.

L'attaccamento tiene unita non solo una coppia, ma anche la famiglia, il gruppo. Le interconnessioni possono essere tante e ognuna di esse definisce un tipo di rapporto e di soddisfazione del bisogno di conforto. Un attaccamento di coppia può essere definito sicuro quando entrambi i partner riescono a essere dipendenti e oggetto della dipendenza dell'altro, dialogando e confrontandosi apertamente sul bisogno. I bambini cresciuti con amore avvertono l'empatia in chi ha premura per loro e sviluppano un tipo di attaccamento sicuro.

L'attaccamento di coppia insicuro può avere varie sfaccettature:

- Attaccamento di coppia distanziante-distanziante, in cui entrambi i partner negano i bisogni di dipendenza e debolezza.
- Attaccamento di coppia preoccupato-preoccupato, in cui i

partner esprimono i sentimenti e i bisogni di dipendenza, ma sono convinti che l'altro non potrà mai soddisfare la loro esigenza di conforto.

- Attaccamento di coppia distanziante-preoccupato, in cui il partner insicuro si sente abbandonato e derubato del bisogno di conforto, mentre il partner distanziante si sente sopraffatto dalle continue richieste del partner insicuro. Questo è un tipico caso di rapporto di coppia molto frequente; facciamo un esempio. Roberto e Giada sono marito e moglie, a colazione lui legge il giornale mentre lei vuole attirare la sua attenzione su ciò che è successo il giorno precedente, a scuola, al figlio Mario. Mario è ritornato a casa con un livido sul braccio perché ha litigato con il suo migliore amico. Preoccupata, Giada incalza Roberto per avere conforto, ma lui continua a leggere il giornale ignorando le sue richieste, poiché pensa che siano cose normali, che capitano a ogni bambino, e reputa la moglie insistente e invadente. Giada invece pensa che Roberto sia insensibile.

- Attaccamento di coppia sicuro-insicuro, in cui il partner sicuro ha la capacità sia di dichiarare la propria dipendenza sia di prendersi la responsabilità dell'essere oggetto della dipendenza del partner e, con il suo comportamento, delinea la qualità del rapporto offrendo al partner un'esperienza emotiva correttiva.

Probabilmente le relazioni di coppia sono influenzate dalla regolazione delle strategie emotive che ogni partner porta con sé dall'infanzia e dall'esperienza pregressa. Il loro combinarsi crea nuove miscele, a volte esplosive. La capacità di un partner, o di entrambi, di regolare le strategie emozionali diventa importante sia per il rapporto di coppia, sia per l'esempio che si trasmette ai figli.

È difficile capire quando un partner ha bisogno di attenzione, perché siamo presi da mille faccende quotidiane e cerchiamo sempre di minimizzare i sentimenti degli altri. La maggior parte delle volte non siamo nemmeno consapevoli di stare calpestando una richiesta di partecipazione espressa in modo diretto o indiretto. Dovremmo prendere coscienza del fatto che per il nostro partner siamo importanti noi, è importante il nostro affetto, la nostra partecipazione, la nostra comprensione. Sono due universi che si incontrano e si plasmano a vicenda: le variabili, le riconnessioni, le interazioni sono infinite e ogni giorno che passa rende il rapporto speciale, spiacevole o, in casi estremi, pericoloso.

SEGRETO n. 31: quando l'attaccamento si fonde con le cure e l'attrazione sessuale viviamo una storia splendida e unica.

Ritornando alle reti neurali sottese, queste si combinano dando vita a varie forme di amore: amore romantico, amore familiare, amore genitoriale. Guidano anche la nostra capacità di connessione sociale: legami con amici, con animali, fino ad arrivare alla connessione spirituale. Molte risposte emotive legate all'amore sono automatiche, avvengono a livello subcorticale: i legami affettivi sono nati prima del nostro cervello razionale, quindi le ragioni dell'amore hanno poco a che fare con l'intelletto. Il detto "al cuore non si comanda" nasce proprio da questa chimica di base che, però, ha poi bisogno di attività razionali perché ne vengano messe in atto le strategie.

Per stabilire rapporti duraturi occorre trovare il giusto equilibrio tra queste due vie; l'amore che dura ha bisogno dell'impulso emotivo per alimentare il fuoco interiore e della ragione per procurarsi continuamente legna da ardere. Il problema principale sta nel fatto che occorre saper gestire la relazione nei momenti difficili, in caso di liti, di traumi, nei casi, cioè, dove il sistema automatico interno prende il sopravvento sulla ragione.

Un buon sistema è quello delle "posizioni percettive", introdotte da R. Dilts e J. De Lozier, che le hanno definite punti di vista dai quali una persona percepisce una relazione o un fatto. Sono quattro e le trovi indicate nella figura sottostante.

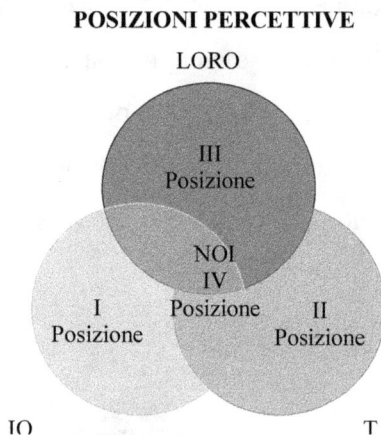

POSIZIONI PERCETTIVE

LORO

III
Posizione

NOI
IV
I   Posizione   II
Posizione   Posizione

IO   T

La prima posizione è rappresentata da sé stessi. È la posizione che vivi ogni giorno. Se sei troppo centrato su te stesso, tendi a pensare che il mondo sia esattamente come lo vedi tu e non diversamente. Se fai attenzione a come parli, noterai che utilizzi spesso il termine "io". Quando vivi questa posizione, sei associato completamente al tuo corpo.

La seconda posizione percettiva la sperimenti quando cerchi di vedere le cose dal punto di vista del tuo interlocutore, dissociandoti dal tuo corpo, utilizzando l'immaginazione. Questa posizione ovviamente non ti è consona ma, se vuoi instaurare una relazione duratura o capire meglio chi hai di fronte, devi sforzarti coscientemente. Le prime volte troverai questo esercizio molto difficile, poi ti abituerai e ti verrà spontaneo. Solo allora capirai che, così facendo, hai accresciuto il tuo potere personale.

La terza posizione è quella dell'osservatore esterno. Immagina di uscire dal tuo corpo e vedere la relazione che intercorre tra te e il tuo interlocutore. Come agisci tu? Come si comporta il tuo interlocutore? Siete in sintonia o in distonia?

La quarta posizione è quella che ti conferisce più potere e che accresce la tua conoscenza. Percepisci la relazione che stai sperimentando in quel momento e la intrecci con l'intero sistema. Riesci così ad andare oltre la relazione stessa e a vederne gli sbocchi futuri. Il regista sei tu, puoi spostarti da una posizione all'altra, puoi valutare la relazione dal tuo punto di vista o da quello del tuo interlocutore. Puoi inquadrare la situazione riprendendo entrambe le persone. Puoi anche utilizzare un grandangolo e avere una visione d'insieme. Nessuna posizione percettiva è migliore delle altre. Per poter stabilire un rapporto duraturo con gli altri, devi saperle utilizzare tutte.

Esercitati a passare da una posizione a un'altra; se trovi difficoltà, poniti delle domande che ti aiutino nell'impresa. Ad esempio, se non riesci a entrare nella posizione del tuo interlocutore chiediti: Quali sono i suoi bisogni e le sue esigenze? Ha bisogno di cure o di conforto? Cosa vuole ottenere da questo colloquio? Se fossi al suo posto, cosa penserei a riguardo?

Se hai paura di sbagliare, impara a porre queste domande direttamente all'altro. Scoprirai che quasi tutti si aprono di fronte a una richiesta chiara e precisa. Quando ti danno la risposta, devi essere bravo a non giudicare: non distorcere la realtà guardandola con gli occhiali che indossi, cerca di vederla con gli occhi dell'altro.

Puoi utilizzare la terza posizione per ridurre sia lo stress derivante da una sconfitta, sia l'euforia derivante da una vittoria. Se ad esempio hai discusso con il tuo partner, probabilmente anche dopo qualche giorno nutrirai dei sentimenti negativi. Rilassati per almeno dieci minuti e scegli un luogo dove non puoi essere disturbato. Ripensa alla discussione, così com'è avvenuta: se rivivi le emozioni negative hai già compiuto il primo passo, perché vuol dire che ti sei immedesimato nella situazione e hai assunto la posizione percettiva associata a te stesso.

Ora assumi la posizione dell'osservatore, dissociati dal tuo corpo e guarda l'avvenimento dal di fuori. Vedrai te stesso e il tuo partner mentre discutete. Annota i momenti in cui il tuo partner reagisce negativamente a una tua affermazione. In questa fase devi essere neutrale; sei un osservatore esterno che non è implicato emotivamente nella discussione. Cambia qualcosa?

Rivivere la situazione da osservatore esterno abbassa il livello di stress? Ti aiuta a riavvicinarti al tuo partner e a riprendere la discussione sapendo che ti sei arricchito di nuovi elementi che prima non avevi considerato?

La quarta posizione è quella che ti fa raggiungere l'equilibrio, ti stabilizza, fa di te un porto sicuro. Non sarai più una banderuola che gira a seconda di dove soffia il vento emozionale. Se impari ad assumere la quarta posizione, avrai una visione d'insieme che ti permetterà di affrontare i problemi e trovare soluzioni in armonia con l'intero sistema. In forti stati di stress o di ansia, tendiamo a focalizzare l'attenzione solo sui particolari che le emozioni ci portano in primo piano. Sviluppare la capacità di muoversi tra le diverse posizioni percettive ci consente di riparametrizzare ed elaborare il problema in maniera più completa. Ci consente di spostarci non solo nelle posizioni percettive di altre persone, ma anche di spostarci lungo la linea del tempo, guardano al passato e immaginando il futuro.

Questo sistema ha validità anche nel campo lavorativo. Presi dalle faccende quotidiane, spesso dimentichiamo l'essenza della vita.

Se ad esempio non raggiungiamo un obiettivo, pensieri negativi affollano la nostra mente. Come faremo il prossimo mese? Che correttivi apporteremo alla nostra strategia per correre ai ripari? Se ti fai prendere dalla fretta di rispondere a questi interrogativi, puoi anche peggiorare le cose.

Quando mi capita di cadere nello sconforto dopo un periodo di risultati negativi, mi chiudo a chiave nel mio ufficio per non essere disturbato, spengo i telefonini e schiaccio il tasto "Mute" sul telefono fisso. Seduto sulla mia poltrona, rielaboro mentalmente l'intera situazione, mi sposto nelle varie posizioni percettive, fino ad arrivare alla quarta. In questa posizione elaboro l'accaduto mettendo in campo i miei valori e i miei principi di vita.

Alla fine arrivo sempre allo stesso risultato: vale veramente la pena arrabbiarsi per un risultato negativo quando ci sono persone che soffrono, altre che non avranno più la possibilità di rifarsi e altre ancora che per bere un po' d'acqua devono percorrere 40 chilometri nel deserto? Al confronto i miei problemi sono esigui e futili. Inizio così a spostare la mia attenzione dai problemi alle soluzioni. Penso a cosa posso fare per migliorare i risultati offrendo ai miei clienti più valore. E trovo sempre la risposta. Anche tu puoi fare la stessa cosa: poniti come limite soltanto la tua immaginazione.

SEGRETO n. 32: la capacità di porre rimedio a una mancanza di connessione con altri esseri umani – che siano partner, figli, collaboratori o amici – determina in modo inequivocabile la nostra felicità; prima riusciamo a colmare questa lacuna, prima saremo capaci di vivere una vita di benessere psicologico.

Nell'esempio di Roberto e Giada, potrebbe accadere che Roberto, al lavoro, ripensi alle preoccupazioni di Giada. Ha cinque minuti di pausa e si mette nei panni della moglie, passando dalla prima alla quarta modalità percettiva. Resta del parere che il figlio debba cavarsela da solo, ma capisce che occorre comunicare questa motivazione a Giada. Mette da parte l'orgoglio e telefona alla moglie dicendole che ha riflettuto su quello che è successo a colazione, che si scusa per l'accaduto e che si ripromette di parlarne appena rientra a casa. Del resto un ottimo sistema per trovare la soluzione è informarsi, studiare, approfondire l'argomento. Crescere un figlio è una responsabilità importante perché determina gran parte delle risposte automatiche che metterà in atto quando sarà adulto. Non basta dire "deve cavarsela da solo", occorre anche trovare delle basi scientifiche, condividerle e trovare una strategia comune di coppia.

SEGRETO n. 33: la diversità di pensiero ci arricchisce, la condivisione delle nozioni e delle emozioni ci rende migliori.

Ogni segnale, ogni turbamento, ogni occasione di dialogo diventa importante per accrescere la nostra capacità di interconnessione sociale. Poniamo il caso di una coppia di genitori intenta a educare i propri figli. Quello di genitore è uno dei mestieri più importanti nella vita umana, eppure siamo impreparati ad affrontarlo, sia emotivamente, sia cognitivamente. Solitamente percorriamo due strade basate sulla nostra esperienza di gioventù:

1. utilizziamo il metodo dei nostri genitori/nonni (usiamo le maniere forti);

2. ci allontaniamo dal metodo dei nostri genitori (mio figlio non deve passare ciò che ho passato io).

Spesso ci facciamo in quattro per fare contenti i nostri figli, ma altrettanto spesso ci scontriamo con un paradosso: più impegno ci mettiamo, meno riusciamo a raggiungere il risultato atteso. Continuiamo a lavorare su noi stessi e non sui nostri figli. I figli che ricevono più attenzioni e considerazioni di solito sono quelli che soffrono più di tutti per ciò che non hanno.

Anziché allenarci a diventare bravi genitori, diventiamo ottimi gestori di Bed & Breakfast, con colazioni sempre pronte, letti sempre in ordine, tavola apparecchiata, panni stirati. I nostri figli, come clienti paganti, si abituano sin da piccoli a chiedere e sviluppano questa capacità all'inverosimile perché, per ottenere un gioco o un vestito, l'unica cosa che devono fare è chiedere.

Tra usare le maniere forti o mettere su un Bed & Breakfast c'è una via di mezzo che prende il buono di entrambe le strategie. Un genitore che eccede cresce un figlio con scarsa autostima, al contrario, un genitore permissivo e incapace di prendere decisioni lo cresce inutile. Un genitore in grado di stabilire dei limiti con affetto cresce un figlio forte, lo coinvolge nelle faccende domestiche e lo responsabilizza. Un proverbio cinese recita: «Dai un pesce a un uomo e lo nutrirai per un giorno. Insegnagli a pescare e lo nutrirai per tutta la vita».

L'Aikido Mentale ci è di aiuto in questo difficoltoso compito. E mi piace molto questo parallelismo: «Dai un'emozione a un uomo e lo renderai felice per un giorno. Insegnagli a gestire le emozioni e lo renderai felice per tutta la vita».

RIEPILOGO DEL CAPITOLO 9:

- SEGRETO n. 31: quando l'attaccamento si fonde con le cure e l'attrazione sessuale viviamo una storia splendida e unica.

- SEGRETO n. 32: la capacità di porre rimedio a una mancanza di connessione con altri esseri umani – che siano partner, figli, collaboratori o amici – determina in modo inequivocabile la nostra felicità; prima riusciamo a colmare questa lacuna, prima saremo capaci di vivere una vita di benessere psicologico.

- SEGRETO n. 33: la diversità di pensiero ci arricchisce, la condivisione delle nozioni e delle emozioni ci rende migliori.

Conclusione

Ho sviluppato questo metodo dopo anni di studio ed esperienze dirette. Nella vita lavorativa mi sono sempre trovato in situazioni in cui tutti coloro che orbitavano attorno a me cercavano di persuadermi di qualcosa.

Ho visto tante persone che ritenevo intelligenti (e che lo sono tuttora) cadere sotto il peso schiacciante di un persuasore professionista, altre addirittura cedere al fascino del gregge.

Siamo programmati per cadere in queste trappole mentali, il nostro cervello ci inganna, crediamo di prendere decisioni razionali, mentre a guidarci, nella maggior parte dei casi, sono le emozioni.

Ad esempio, quando decidiamo di acquistare un prodotto anziché un altro, facciamo una scelta deliberata. Alcuni acquisti sono impulsivi, altri sono ponderati, o almeno noi crediamo che lo siano! Pensa all'ultimo prodotto che hai acquistato. Lo hai confrontato con tutti i prodotti concorrenti? Hai preso in considerazione tutte le sue caratteristiche? Sei davvero sicuro di aver fatto la scelta migliore? Oppure ti sei affidato al tuo intuito, al tuo gusto, al consiglio di un amico?

Il mio consiglio è di leggere, informarsi, non fermarsi alla superficie, non coltivare sempre gli stessi interessi, variare i rapporti sociali; in poche parole, aprirsi al mondo. Al contrario, i manipolatori tendono a portarti a un livello di percezione binaria dove concetti come "noi" e "loro" diventano assilli mentali, dove i particolari vengono eliminati per dare spazio a categorizzazioni semplicistiche. All'interno del "noi" e del "loro" esistono infinite diversificazioni, sottocategorie, personalizzazioni.

È una lotta senza fine, un rincorrersi a chi arriva prima. Ecco il perché di un metodo che ti possa lasciare libero di affrontare qualsiasi situazione. Nel mio sito www.emidiolupo.it troverai spunti e approfondimenti sulle principali tecniche di manipolazione mentale.

www.ingramcontent.com/pod-product-compliance
Lightning Source LLC
Chambersburg PA
CBHW062216270326
41930CB00009B/1750